ОТКРЫВАЕМ
ЗОАР

НОЧЬ НЕВЕСТЫ

УДК 130.12
ББК 87
Л18

Лайтман Михаэль
Л18 Открываем Зоар. Ночь невесты. – М: НФ «ИПИ», 2011. – 344 с.

Laitman Michael
Otkrivaem Zoar. Noch nevesti. – M: NF «IPI», 2011 – 344 pages.

ISBN 978-5-91072-032-3

Мир книги «Зоар» полон тайн и зашифрованных символов. Казалось бы, она не говорит о нашей жизни, но люди, прикоснувшиеся к этой книге, понимают, что на самом деле нет в мире повествования, более близкого человеку.

Человек – это целый мир сил и свойств, мир желаний, полный мудрости и милосердия. Книга «Зоар» – это карта, без которой человек заблудится в этом многогранном, бесконечном мире.

Новая серия книг под общим названием «Открываем Зоар» выходит для того, чтобы помочь пользоваться этой картой, оставленной нам великими каббалистами прошлого.

Оригинальный текст Бааль Сулама выделен **жирным шрифтом**.

УДК 130.12
ББК 87

ISBN 978-5-91072-032-3

© Laitman Kabbalah Publishers, 2011
© НФ «Институт перспективных исследований, 2011

Оглавление

Мать одалживает дочери свои одежды ..5
Замок и ключ 35
Погонщик ослов (четвертая часть)........62
Погонщик ослов (пятая часть)..............91
Погонщик ослов (окончание)...............130
Ночь невесты 163
Небо и Земля.................................207
Заповедь первая 239
Заповедь вторая 272
Послесловие 300
Объяснения каббалистических терминов 305
Приложение 328

Мать одалживает дочери свои одежды (п.п. 16-21)

Мы учим «Зоар», для того чтобы явно ощутить духовное. Когда мы начнем ощущать, о чем рассказывает «Зоар», почувствуем в себе отдачу и получение, разницу между ними, тогда мы сможем читать и раскрывать всю картину-схему в появляющихся ощущениях.

Мы будем изучать «Зоар», чтобы понять, что мы чувствуем. Тогда я начну изучать каббалу как науку – добавлю к своему ощущению разум. Но сначала мне нужно получить ощущение. Разум приходит вслед за ним. Иначе это будет просто теоретическим рассуждением, без практического постижения. Мы закопаемся в этих схемах и останемся в этом мире, и будем умно рассуждать о мире духовном, как будто знаем, что там происходит.

Но нам надо не знать, что там происходит, – а находиться там. Нам, прежде всего, важно достичь ощущения духовного – «Зоар» должен войти в нас, и мы должны начать жить в нем. А потом уже мы будем изучать, что мы чувствуем и как изменить эти ощущения – как идти в духовном. Мы не можем исследовать то, что не ощущаем. Ведь мы – желание насладиться, и в нем мы должны ощущать реальность. А уже потом мы можем изучать, из чего состоит наше ощущение.

Бина – от слова «авана» (понимание). Сказано: «сердце понимает». Поэтому мы изучаем «Зоар», чтобы достичь отдачи и ощутить Творца. А уже потом мы будем с вами разбирать каждый лист «Зоара» и увидим, какая симфония чувств заключена в нем.

Вряд ли в нашем мире найдется мать, которая захочет одолжить дочери свои, наверняка вышедшие из моды, одежды, и уж совершенно невероятно, чтобы нашлась дочь, которая захотела бы их одеть. Выясним, о какой матери и о какой дочери идет речь.

Как всегда, начнем от нашей печки.

Первая стадия распространения света – это желание получать, называемое Хохма.

Хохма начинает получать свет, начинает ощущать его свойство – свойство отдачи, и естественным образом в ней возникает желание стать подобной ему. Эгоизм, желание получать, стремится быть подобным высшему. Даже если для этого надо отдавать, – не важно, ведь высший – это престиж, большее наслаждение, большее впечатление.

Таким образом, неосознанно, независимо от решения кли, а только лишь под воздействием света возникло желание отдавать (стадия 2), называемое Бина.

Ну, а что отдавать? Чтобы отдавать, надо что-то получать. И Бина решает: «Я буду получать ради отдачи».

Это свойство – получать ради отдачи – называется Зеир Анпин (стадия 3).

Зеир Анпин действует в соответствии со своим свойством, начинает ощущать себя равным свету и приходит к решению получить все наслаждение, которое дает этот свет. В результате этого решения возникает четвертая стадия, Малхут (царство желания).

Вот это, «желаю все получать», в Малхут принципиально отличается от «желаю...» в Хохме. В Хохме оно образовалось поневоле, под воздействием света, а в Малхут оно исходит из решения, принятого в самом творении. Поэтому: Хохма – это творение в своем исходном положении, Бина и Зеир Анпин – это промежуточные стадии, а Малхут – это творение в окончательном, «взрослом», состоянии.

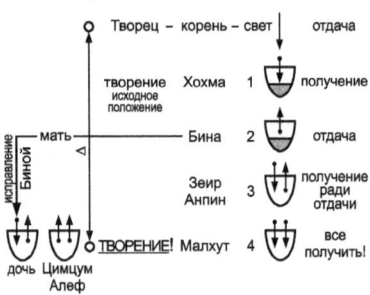

И вот в этом состоянии абсолютного получения в творении возникает некая «дельта» – ощущение своей полной противоположности Творцу. Ну, то, что ощущает Творец относительно творения, мы знать не можем. Мы говорим о том, что творение готово на все, только бы избавиться от этого ощущения – ощущения абсолютной тьмы, ощущения своего ничтожества, ощущения полной несостоятельности.

Ужасное состояние, и оно приводит к тому, что Малхут совершает Цимцум Алеф – исторгает из себя весь свет, всё наполнение, что было в ней, и остается пустой. А затем приходит понимание: «Даже если я остаюсь пустой, я все равно не равна Творцу, я все равно не такая, как Он. Я буду получать, потому что Он желает этого, но это ни в коем случае не будет получением ради себя, а только лишь ради Него. Я всегда буду находиться в ощущении наслаждения и только потому, что этим наслаждаю Его». Представляете, какое внутреннее напряжение должно было возникнуть в Малхут…

А каким образом это сделать? Для этого необходимо обратиться к Бине. Бина – это свойство отдачи, и она может научить Малхут – желание получать – каким образом обрести это свойство. Другими словами, Бина –

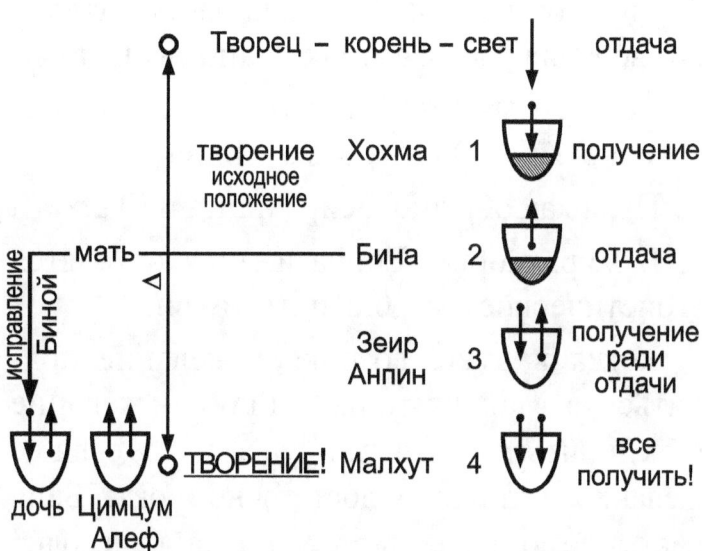

это мать, которая обучает свою дочь, Малхут, как стать женщиной, то есть суметь получать ради отдачи, быть такой же, как она.

Вот о чем говорит эта статья. Давайте начнем ее читать. То, что будет ясно – да, нет – нет. Но, в принципе, в этом все ее содержание.

Предварительно я хочу начертить уже достаточно знакомую нам схему.

Итак: мир Бесконечности, мир Адам Кадмон, затем табур, под табуром – мир Ацилут, а ниже миры Брия, Ецира, Асия.

Мир Ацилут – это: Атик, Арих Анпин, Аба ве-Има, Зеир Анпин и Малхут.

Атик и Арих Анпин – это Кетер мира Ацилут, разделенный на две части. Атик – его верхняя часть, а Арих Анпин – нижняя.

Аба ве-Има (отец и мать) – это соответственно: Аба – Хохма, Има – Бина.

Ну, и как обычно: Зеир Анпин и Малхут.

В мирах Брия, Ецира и Асия находятся эгоистические, разобщенные души.

Когда в душе возникает желание подняться в Малхут мира Ацилут – желание объединиться с другими душами, то, если ее желание истинно и достаточно, тогда Бина (мать) помогает ей в этом. Из Бины исходит ор Макиф (так называемый, Окружающий свет), который своим воздействием на душу помогает ей подняться и включиться в Малхут. Одного желания мало, необходимо получить силу свыше. А когда душа уже находится в Малхут, то для того чтобы она могла связаться с другими душами, Бина воздействует на нее уже не с помощью ор Макиф, а напрямую.

Вот таким образом, в принципе, и происходит наше исправление. Это, так сказать, довольно упрощенная схема, потому что

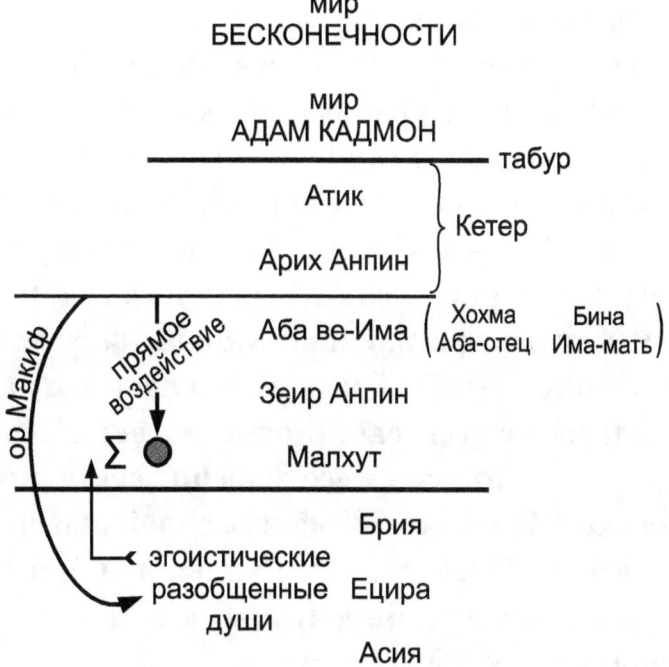

внутри этого процесса происходят всевозможнейшие действия, и мы о них, может быть, сегодня будем говорить.

16. Всё – небо, земля и их населяющие – сотворены МА, то есть Малхут, как сказано: «Когда я вижу небеса, деяния рук Твоих». А прежде этого сказано: «Как величественно имя Твое на земле, которую поставил Ты выше неба!» Ведь небо сотворено именем (свойством) МА (Малхут). Написано «на небе», что указывает на Бину, называемую МИ, небо, которая выше Зеир Анпина.

Объяснение этого – в имени Элоким.

МА, Малхут, поднимается и входит своими свойствами в Бину, то есть включается в Бину, получает ее свойства. Бина называется Элоким. После того, как «сотворил свет для света» – создал свет Хасадим, называемый «драгоценные украшения» или «одеяния», чтобы одеть в него свет Хохма. Тогда одевается свет Хохма в свет Хасадим, что и означает «сотворение света для света». Малхут поднимается силой высшего имени Элоким, как называется Бина, и, соединяясь с Биной, принимает все ее свойства, включается в нее.

Поэтому «берешит бара Элоким» – говорится о высшем Элоким, о Бине, а не о Малхут, потому как МА, Малхут, не создана именем МИ, ЭЛЕ.

Всё – небо, земля и их населяющие – сотворены МА, то есть Малхут, как сказано: «Когда я вижу небеса, деяния рук Твоих». А прежде этого сказано: «Как величественно имя Твое на земле, которую поставил Ты выше неба!» Ведь небо сотворено именем (свойством) МА (Малхут). Написано «на небе», что указывает на Бину, называемую МИ, небо, которая выше Зеир Анпина (называемого МА).

И так же МА, Малхут, поднимается и входит своими свойствами (через Зеир Анпин) в Бину, включается в Бину (в ее свойства). Бина называется Элоким (это имя Творца). После того, как «сотворил свет для света» – создал свет Хасадим, называемый драгоценностями или украшениями, чтобы одеть в него свет Хохма, тогда одевается свет Хохма в свет Хасадим (свет наслаждения – свет Хохма, одевается в свет Хасадим – в свет Бины), и Малхут поднимается силой высшего имени Элоким (свойством Бины)

и соединяется с Биной, принимает все ее свойства, включается в нее.

Поэтому сказано в первых словах Торы: «Берешит бара Элоким» (В начале создал Творец) **– говорится о высшем свойстве, Элоким, о Бине, а не о Малхут, потому как МА, Малхут, не создана именем МИ, ЭЛЕ.**

Текст очень длинный, очень сложный. Запутанный текст.

В принципе, Тора начинается с того момента, когда души уже готовы к исправлению. Они находятся в самом, что ни на есть, низшем состоянии – состоянии взаимного отторжения, взаимной ненависти друг к другу.

Мы не в состоянии представить себе всю глубину нашей взаимной антипатии, потому что родились и существуем именно в таком мироощущении. Все познается в сравнении. Вот это «прямое воздействие» Бины постепенно раскроет нам, насколько мы – согласно своей природе – абсолютно ничего не принимаем во внимание, кроме собственного, непосредственного, мгновенного наполнения.

Поэтому Тора говорит: «Берешит бара Элоким» (В начале создал Творец). Что создал? Создал свойство Бины, свойство Элоким, вывел это свойство из Себя и опустил в противоположное Себе свойство – свойство Малхут.

Пойдем дальше.

Слово «элоким» состоит из двух слов: «ми» (кто) и «эле» (это) – «кто создал это». Соответственно этому свойство Элоким, свойство Бины, состоит из двух частей: верхняя часть, МИ, называемая Гальгальта ве-Эйнаим, и нижняя часть, ЭЛЕ, называемая АХАП.

Нижняя часть, ЭЛЕ, связывается с Малхут, с душой («я»), воздействует на нее и подтягивает к себе. И таким образом, когда душа включается в ЭЛЕ, то ЭЛЕ дополняет ее (вот это вот «я») до десяти сфирот, до свойства отдачи.

Мы читаем «Зоар» – и не понимаем, читаем – и не ощущаем. В итоге мы должны прийти к такому состоянию, когда вопрос «А для чего?» приведет нас к отчаянию, разочарованию, внутреннему взрыву и осознанию того, что у нас нет иного выбора – только объединиться и в этом внутреннем единстве раскрыть, о чем говорится в книге «Зоар».

Нет иной методики, нет другого пути. Мы должны пройти через эту преграду. Есть много помех на пути: лень, непонимание, несогласие разума, это не укладывается у нас в голове. Но все это не имеет значения.

Важно только упорство, которое приводит нас к осознанию, что нет выбора – мы обязаны именно здесь, в нашем соединении, раскрыть, о чем рассказывает «Зоар». Это раскрывается только в соединении между нами.

17. Но в то время, как буквы «ЭЛЕ» нисходят сверху, из Бины, вниз, к Малхут, потому что мать одалживает, передает во временное пользование свои одежды дочери и украшает ее в свои украшения, нисходит имя Элоким из Бины, матери, к Малхут, дочери.

Когда украшает ее своими украшениями? – Когда видит перед нею мужское. Тогда сказано о ней: «Три раза в год да явится всякий возмужалый у тебя пред лицо владыки Творца». Потому что тогда называется Малхут – «господин», мужским именем. Как говорится: «Вот ковчег

союза, господин всей земли». Тора – это союз, а ковчег – это Малхут, называемая мужским именем «господин». Это потому, что она получила келим, свойства, желания, называемые «одежды», и свет, называемый «украшениями», от Бины, своей матери. Тогда выходит буква «хэй» (а) из МА (мэм-хэй), и вместо нее входит буква «юд» (и), и Малхут называется МИ, как Бина. И тогда она украшается мужскими одеяниями, то есть одеждами Бины, принять всех мужей Израиля.

Но в то время, когда **буквы «ЭЛЕ»** нисходят сверху, из Бины, вниз, к Малхут, потому что мать одалживает, передает во временное пользование свои одежды дочери и украшает ее в свои украшения, нисходит имя Элоким из Бины, матери, к Малхут, дочери.

Обратимся к чертежу.

Бина (Элоким) – это: Гальгальта Эйнаим (МИ) и АХАП (ЭЛЕ). ЭЛЕ – это и есть «одежды матери» – свет Хасадим. Свет Хасадим (свойство отдачи, экран) воздействует на Малхут, поднимает ее и, таким образом, включает Малхут в АХАП Бины.

Когда украшает ее своими украшениями, то есть когда дает ей свет Хасадим?

Малхут – это желание получать свет Хохма. Но, произведя Цимцум Алеф, Малхут использует это свое желание только с намерением, или только ради, отдачи.

Желание получать – это наша эгоистическая душа, которая изначально желает только получать, получать, получать... А вот намерение отдачи приходит к нам от Бины, от света Хасадим.

Итак, только тогда, когда во мне создается абсолютно точное соотношение, сочетание между моим желанием получать и

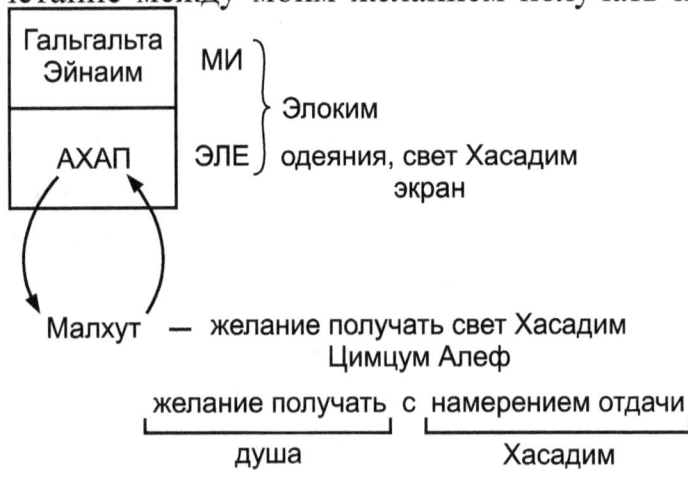

намерением отдавать – я никому ничего не отдаю, просто во мне возникает это намерение – только тогда я смогу наполняться светом Хохма. Это называется «работа на отдачу», и в таком случае я подобен Творцу.

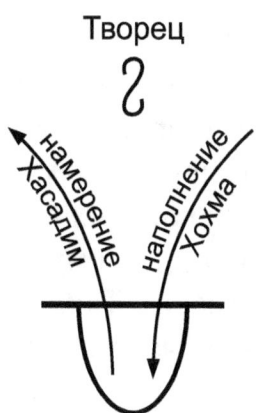

Возможность стать подобным Творцу предоставляет мне Бина, передавая мне свои свойства, «свои одежды».

Рассмотрим подробнее, каким образом Бина производит исправление души, поднявшейся через парсу в Малхут. Мы это уже изучали, но повторим еще раз, под несколько иным углом зрения.

Бина – точнее, ее нижняя часть, ЭЛЕ, – берет под свою власть, облекает в себя и Зеир Анпин, и Малхут. Иными словами, Бина проявляет себя, как мать, как женщина, в матке которой душа, желающая исправиться, находится в виде зародыша. Как любая мать, Бина начинает выращивать этот зародыш, передавая ему свои свойства.

Нижняя часть Бины – это первые девять букв (1-9), Зеир Анпин – с десятой по восемнадцатую (10-18), и Малхут – с девятнадцатой по двадцать вторую (19-22). Парса содержит в себе пять жестких свойств экрана, который называется МАНЦЕПАХ. Это пять, так называемых, конечных букв: мэм, нун, цади, пэй и хаф.

Выращивая зародыш, то есть, исправляя желание получать, Бина делает в нем оттиски вот этих букв (1-22) – внедряет их в него, передает ему свои всевозможные свойства отдачи. Таким образом, как только душа включается в Малхут, с этого самого мгновения – хоть в чем-то, хоть немножко – она становится подобной Бине.

Бина, как мы говорим, – это Элоким (ЭЛЕ и ИМ). ИМ – это МИ, это то свойство Бины, которое не имеет связи с нами. Подобно тому, как женщина остается женщиной, имеющей и другие интересы, кроме своих материнских обязанностей, так и МИ соотносится с ЭЛЕ.

18. Последние буквы, то есть «ЭЛЕ», получает Израиль свыше, из Бины, в то место, то есть в Малхут, называемую сей-

час именем МИ, как имя Бины. Произношу я буквы «ЭЛЕ» и проливаю слезы всей моей души, чтобы получить эти буквы «эле» от Бины в дом Элоким, Малхут. Чтобы Малхут называлась Элоким, как Бина называется Элоким. Как я могу получить их? Голосом Торы, благодарных песнопений и веселящихся масс.

Сказал рабби Эльазар: «Молчание мое создало высший Храм, Бину, и низший Храм, Малхут. Конечно, как говорят люди: "Слово – золото (в оригинале: сэла – монета), но вдвойне ценно молчание". "Слово – золото" означает, что произнес и пожалел. Вдвойне ценно молчание, молчание мое, потому что создались этим молчанием два мира: Бина и Малхут. Потому что если бы не смолчал, не постиг бы я единства обоих миров».

Почему надо проливать слезы, чтобы получить свойства Бины?

Слезы – это свет Хохма, который низший получает от высшего в виде капелек. Такое получение происходит потому, что низший, находящийся в маленьком состоянии (<), не может сразу получать наполнение от высшего, находящегося в большом состоянии

(>). Сострадание высшего к низшему выражается в виде слез – капель света Хохма.

Как я могу их получить? Голосом благодарных песнопений и веселящихся масс.

Цимцум Алеф

Слезы проливает высший. Это Элоким, Творец, плачет. А низший веселится. После того, как он совершил Цимцум Алеф, для него любое получение, хотя бы и капельное, – это счастье.

Молчание мое создало высший Храм, Бину, и низший Храм, Малхут. Как говорят люди: «Слово – золото, но вдвойне ценно молчание».

Низший, совершив Цимцум Алеф, как зародыш в матке матери, полностью аннулирует себя. Он готов на все, что бы с ним ни случилось, только бы находиться в высшем парцуфе, в ЭЛЕ.

Молчание вдвойне дороже, чем золото, потому что благодаря абсолютному подчинению высшему, ты получаешь не просто свет Хохма, а свет Хохма, уже заранее «одетый» в свет Хасадим. То есть ты получаешь двойной выигрыш – два света.

Вдвойне ценно молчание, потому что создались этим молчанием два мира: Бина и Малхут (которые соединяются вместе в Малхут). **Потому что, если бы не смолчал, не постиг бы я единства обоих миров** (не пришел бы к нему Высший свет).

То есть всё наше постижение, всё наше исправление основано на том, что мы согласны принять любое действие над собой, над своим эгоизмом, исходящее из высшего управления. Я ставлю себя в состояние зародыша в чреве матери, который никоим образом не определяет свои состояния, а полностью находится в ее власти.

Каббала использует слова из нашего мира и описывает ими происходящее в духовном, Высшем мире, в котором нет таких понятий нашего мира, как время, движение, пространство, расстояние, направление. Но те же самые имена, которыми мы в этом мире называем какие-то предметы и действия – в духовном мире обозначают силы, свойства и их действия.

Поэтому нам нужно всеми силами постараться представить себе за этими словами духовные действия. Эти усилия очень полезны, ведь они создают просьбу, МАН, желание, потребность понять и почувствовать Высший мир, начать жить в нем. Этими действиями мы помогаем себе в него войти.

Это не значит, что перед нами вдруг открывается какая-то новая внешняя картина. Наше желание приносит нам изменение нашего восприятия – наших внутренних свойств, и в них мы начинаем видеть прочитанное.

19. Сказал рабби Шимон: «Отсюда и далее совершенство написанного, как сказано: "Выводит число войск". Потому что это две ступени, каждая должна быть записана, то есть отмечена. Одна, о которой сказано МА, а другая – это МИ. Эта МИ – высшая, а МА – низшая. Высшая ступень записывает, говорит и выводит число войск, где буква "хэй" говорит об известной, нет подобной которой, то есть о МИ. Подобно сказанному: "Амоци лэхэм" – "Взращивающий хлеб из земли" (обращение к Творцу), где буква "хэй" (а) говорит о знании известной, низшей ступени, то есть МА. А обе они вместе – одна ступень, Малхут. Но высшая – это МИ де-Малхут, а низшая – это МА де-Малхут, выводящая число. Потому что число 600 000 – это число звезд, стоящих рядом, а они выводят войска свои, которым нет числа».

Сказал рабби Шимон: «Отсюда и далее совершенство написанного, как сказано: "Выводит число войск". Потому что это две ступени, каждая должна быть записана, то есть отмечена. Одна, о которой сказано **МА**, а другая – это **МИ**.

МИ – это высшая ступень (как мы с вами говорили), МА – низшая ступень, Малхут.

Высшая ступень записывает, говорит и выводит число войск, где буква "хэй" говорит об известной, нет подобной которой, то есть о МИ.

Поэтому сказано: «Взращивающий хлеб из земли» (обращение к Творцу), где буква «а», первая буква слова «Амоци», **говорит о знании известной, низшей ступени, то есть** о **МА. А обе они вместе – одна ступень, Малхут. Но высшая** – это **МИ, а низшая** – **МА** (обе они относятся к Малхут)».

Перевод, конечно, очень неказистый... Но я пытался быть как можно более близким к оригиналу, и это было, наверно, лет пятнадцать назад. Я еще не знал, для кого я это делаю.

Так вот, о чем идет речь?

Бина воздействует на душу (МА) и в итоге подготавливает ее к тому, чтобы она стала равной не свойству матки, в которой она развивается, – свойству ЭЛЕ, а поднялась выше этого свойства – в свойство МИ.

То есть дочь (душа) получает от матери (Бины) ее одежды (получает дополнительные свойства и исправляется) и, благодаря этим одеждам, поднимается выше матери.

20. «Всех из этих 600 000 и всех войск, которым нет числа, называет имена».

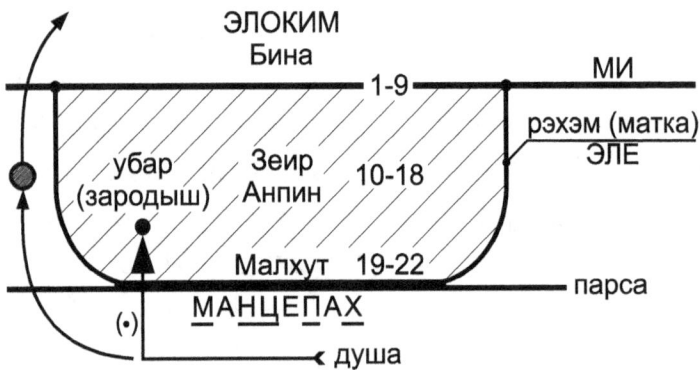

Что значит: «называет имена»? Если скажешь, что называет их по именам, то это неверно, потому что иначе было бы сказано: «Зовет по имени». Но когда эта ступень не поднимается в имени Элоким, а называется МИ, не рождает она и не раскрывает скрытых в ней. И хотя все были скрыты в ней, то есть, хотя уже поднялись буквы «ЭЛЕ», но еще скрыто драгоценное одеяние света Хасадим. А когда оно скрыто, то не называется именем Элоким. Потому как создал буквы «ЭЛЕ», поднялись в его имени, то есть оделись в драгоценные одеяния света Хасадим, отчего соединяются ЭЛЕ с МИ и называется Элоким. Тогда, в силу этого имени, вывел их в совершенстве, что определяется, как «называет их имена», что означает: «Именем каждого назвал и вывел каждый вид и род, чтобы существовал в совершенстве».

Поэтому сказано: «Вывел числом войск» – всех по имени назвал, то есть именем Элоким.

«Всех из этих 600 000 и всех войск (всех свойств), которым нет числа, называет имена».

Что значит: «называет имена»? Если скажешь, что называет их по именам, то это неверно, потому что иначе было бы сказано: «Зовет по имени». А когда эта ступень не поднимается в имени Элоким, а называется **МИ, не рождает она и не раскрывает скрытых в ней. И хотя все были скрыты в ней, то есть, хотя уже поднялись буквы «ЭЛЕ»,** но еще скрыто драгоценное одеяние света Хасадим. А когда оно скрыто, то не называется именем Элоким. Потому как создал ЭЛЕ, поднялись в Его имени, то есть оделись в драгоценные одеяния света Хасадим, отчего соединяются ЭЛЕ и МИ и называется Элоким. Тогда, **в силу этого имени** общего, Элоким – МИ и ЭЛЕ, **вывел их в совершенстве,** то есть **«называет их имена»,** что означает: **«Именем каждого назвал и вывел каждый вид и род, чтобы существовал в совершенстве».**

Поэтому сказано: «Вывел числом войск» – всех по имен**ам назвал, то есть именем Элоким.**

Итак, о чем говорит этот текст.

Душа, изначально, не имеет ничего, кроме одного-единственного маленького эгоистического желания.

Если (и когда) в душе проявляется «точка в сердце», то она начинает подниматься, для того чтобы обрести свойства Бины, свойства отдачи. Первоначально душа начинает получать те свойства Бины, которые называются ЭЛЕ. Получив полностью эти свойства,

Открываем Зоар

душа поднимается на следующий уровень, МИ, и, таким образом, обретает «полное имя», то есть обретает свойство, называемое Элоким.

Что это значит? Это значит, что душа начинает понимать: «кто я, откуда я, в чем мое предназначение, моя обязанность в общей системе душ, относительно всех остальных». И тогда она становится самостоятельной, воздействующей на все остальные души.

Внутри наших эгоистических желаний находится «Божественная частица свыше», которая называется «точка в сердце».

У нас есть 613 желаний. Совокупность этих желаний называется «сердце». Это понятие не имеет никакого отношения к работающему в нас насосу, который можно заменить на другой, естественный или механический, выполняющий те же функции.

Точно так же, как мозг человека является не более чем компьютером.

Для чего нужна эта точка или, иными словами, каким образом Творец воздействует на нас?

В наши эгоистические желания с намерением «ради получения» Творец вкладывает неприятное ощущение опустошенности, а в эту точку Он помещает небольшое свечение – стремление к духовному. Это стремление приводит нас к изучению науки каббала и, как следствие, к исправлению всех наших желаний. И тогда во всех 613 исправленных желаниях мы соединяемся с Высшей силой, ощущаем вечную жизнь и наполнение светом Бесконечности. А исправление заключается в том, что мы переводим эгоистическое использование желаний – «всё себе» – на любовь и отдачу ближнему.

Творец создает в нас только минимальное желание к духовному, и больше его не увеличивает. Поэтому наш духовный путь, наша судьба, находится полностью в наших руках. Человек не должен ни на кого обижаться, ему не на что надеяться, если он не разовьет это первоначальное желание. Никаких дополнительных изменений свыше уже не произойдет.

21. Спрашивает: «Что означает – от великих сил и богатства?» Это голова ступени, куда поднимаются все желания и скрыто находятся там. Сильный, поднявшийся в имени, Элоким, как сказано: «Это тайна Высшего мира, называемого

МИ». Ни один человек не пропадает – из тех 600 000, которых создал силой этого имени. А потому, что никто из людей не пропал из числа 600 000, везде, где гибли сыны Израиля и получали наказания за свои прегрешения, находим потом, что не пропал из этих 600 000 ни один, чтобы всё осталось в том же виде – как наверху, так и внизу. И как никто не пропал из 600 000 наверху, так не пропал ни один человек из этого числа внизу.

Спрашивает: «Что получает **от великих сил и богатства?» Это голова ступени, куда поднимаются все желания, и** скрытое находится **там. Сильный, поднявшийся в имени,** Элоким (имеется в виду душа на этом уровне), – это тайна Высшего имени, называемого **МИ,** тайного Высшего мира. **Ни один человек не пропадает – из тех,** которые поднимаются вверх. **И потому никто из людей не пропал из тех 600 000** (мы говорим о духовном мире и потому имеются в виду не люди, а силы).

И получают там они свое полное вознаграждение.

Как никто не пропал наверху, так не пропал ни один человек из этого числа внизу.

То есть все души в итоге должны подняться до полной реализации в себе имени Элоким, получить полностью всё одеяние, то есть весь свет Хасадим от Бины мира Ацилут, для того чтобы затем подняться до мира Бесконечности.

В этом заключается вся эта система.

```
                    мир
                БЕСКОНЕЧНОСТИ

                  ЭЛОКИМ
                    Бина
                              1-9            МИ
                                        рэхэм (матка)
           убар    Зеир                      ЭЛЕ
        (зародыш)  Анпин   10-18

                  Малхут   19-22
                                             парса
                  МАНЦЕПАХ
           (·)
                 ← душа
```

При изучении книги «Зоар» можно заметить, что к одному и тому же духовному объекту обращаются по-разному: иногда «он» – иногда «она», «поднялась» – «поднялся», «опустился» – «опустилась».

Это не описки или незнание грамматики. Просто любой духовный объект может быть как получающим, относительного высшего («женские» свойства), так и отдающим, относительно низшего («мужские» свойства). У авторов «Зоара» было абсолютное понимание того, в каком качестве в данный момент находится описываемый ими духовный объект, и, исходя из этого, они применяли то или иное обращение.

Поднимаясь вверх, исправляя себя, мы попеременно проходим состояния получения, отдачи, включения в правую, в левую, в среднюю линии и так далее.

Только тогда, когда мы полностью включаемся в общую систему душ, только тогда мы можем четко определить себя относительно этой системы. Душа, сама по себе, пола не имеет. В одно и то же время мы работаем и на получение, и на отдачу. Ничего иного быть не может. Однако при этом есть души, которые больше работают на абсорбцию, а другие – на отдачу.

Сейчас, в нашем мире, никаких разделений нам делать не надо. И мужчина, и женщина обязаны думать о своем исправлении. Только для мужчин есть еще дополнительное условие – они должны реализовывать между собой, в связи между собой, все свои устремления к Высшему. Только лишь реализацией в себе – иначе все это просто голословные, успокоительные беседы.

Я читаю на этих уроках тот «Зоар», который нигде никогда не читал. Вы получаете, кстати говоря, такой материал, который никто не получает. Он очень сложный, с одной стороны; с другой стороны, он самый концентрированный, превосходящий по своей силе все остальное.

Духовное не адаптируется в разуме – оно должно проявиться в нас, как способность ощутить тонкие силы нашего мира. Постепенно будет расступаться, расступаться все, что мы видим, и вместо этого начнут проявляться другие связи.

Я надеюсь, что мы с вами начнем общаться через эту внутреннюю связь между нами, и тогда почувствуем, что значит книга «Зоар».

Замок и ключ
(п.п. 41-44)

Ко мне часто обращаются с вопросом: «Как вам удается понимать то, что написано в книге "Зоар"? Поделитесь секретом». Никакого секрета нет: я не «понимаю» – я просто вижу.

Допустим, я стою рядом с вами. У меня в руках бинокль, а у вас – нет, или, может быть, у вас плохое зрение.

Вы меня спрашиваете: «А что там, а что тут?» Я либо вижу, а если нет, то смотрю в бинокль и рассказываю вам о том, что вижу. Вы же этого не видите, и для вас мой рассказ – это что-то совершенно новое, странное, существующее или нет – неизвестно. Все для вас непонятно, запутанно, непривычно.

Поэтому, вам надо приобрести эти приборы: «бинокли», «телескопы», «микроскопы». А чтобы приобрести их, нужен

Высший свет. Эти приборы – это экран, который помогает нам видеть новый, Высший мир.

Нам надо лишь вызвать на себя Высший свет, а самое эффективное средство для этого – совместная учеба в группе по каббалистическим источникам.

Читая книгу «Зоар», я забываю об этом мире, не вижу и не ощущаю его. Я вхожу в систему высшего управления и надзора, читаю о ней, изучаю ее и стараюсь ощутить, то есть связаться с ней в чувствах и в разуме. Я стараюсь, насколько способен, использовать все имена и названия, о которых рассказывает «Зоар», я стараюсь войти в эти духовные состояния, а не притягивать их в наш материальный мир.

А этого, материального, мира для меня будто не существует. Я не понимаю и не ощущаю его, мне не нужен этот воображаемый мир. Написано, что мы должны подняться на уровень Высшего мира, а уже оттуда мы можем изучать его проявление в нашем мире.

Творец создал нас в противоположном ему желании – желании получения. Этому, постоянно растущему, желанию требуется все большее и большее наполнение, вплоть до меры бесконечной, равной тому Свету, который представляет собою Творца.

Я создан в этом желании и поэтому просто не понимаю, что есть иная возможность существования. Из-за этой своей ущербности я не понимаю, что можно существовать вне своего эгоизма, без обязанности его постоянного наполнения. Освободившись от бремени эгоизма, я ощущаю вечное, совершенное существование, не ограниченное тем духовным парцуфом, который называется «наш мир».

То есть, где, в принципе, мы находимся? Мы всегда находимся в структуре, изначально созданной Творцом. Это десять сфирот, или пять стадий – Кетер, свет, исходящий от Творца, и четыре стадии его распространения: Хохма, Бина, Зеир Анпин, Малхут. Нет ничего кроме этого. Эта структура обязательна, постоянна, неизменна. Даже в нашем мире мы находимся в этих десяти сфирот. Но в нашем мире эти десять сфирот – это только мое желание, заключенное во мне, ограниченное тем, чем я его наполняю, что я в нем ощущаю.

После того, как эта структура себя исчерпала (это ощущение мы называем «70 лет жизни») – мы как бы ее реализовали в эгоистическом виде, – после этого она исчезает, и возникает следующая. Мы реализуем ее в эгоистическом виде, и опять следующая… И так мы переходим от структуры к структуре, и это происходит только на нашем уровне. Мы наполняем себя, затем исчезаем, то есть наше тело умирает; наполняется следующий раз, снова умирает... И так далее, и так далее.

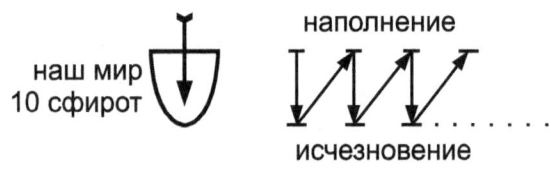

Таким образом, мы с вами существуем в плоскости нашего мира. Ничего нового, выходящего за рамки привычного бытия, не происходит, да и произойти не может. Мы не ощущаем себя существующими вечно, переходящими из стадии в стадию. Нам рассказывают о кругооборотах душ, но для нас это только лишь рассказы.

А подняться на следующий уровень мы сможем тогда, когда перестанем получать свет в себя и начнем пропускать через себя.

Я стану как бы источником наполнения других, начну ощущать наслаждение не в себе, но вовне, и, в то же время, начну ощущать безграничный, бесконечный, вне себя мир. Сам я останусь таким же, как и сейчас, в своих маленьких десяти сфирот. Но я остаюсь таким, для того чтобы наполнять весь бесконечный мир и, поэтому, становлюсь в итоге таким же, как он – бесконечным и пропускающим через себя весь свет.

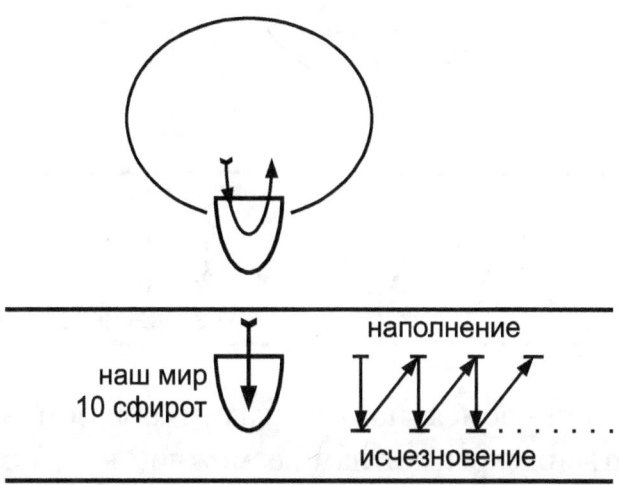

Мы начинаем подключаться к Высшему миру – ко всему, что находится вне нас, – постепенно, по 125 ступеням. Постоянно расширяя область, которую я наполняю, я, по сути дела, присоединяю ее к себе и таким образом расту. А раз я постоянно расту, то желание не ощущается мною, как умирающее, – оно ощущается, как вечно существующее, и поэтому независимо от того, нахожусь ли я в десяти сфирот нашего мира или нет, я ощущаю вечное существование.

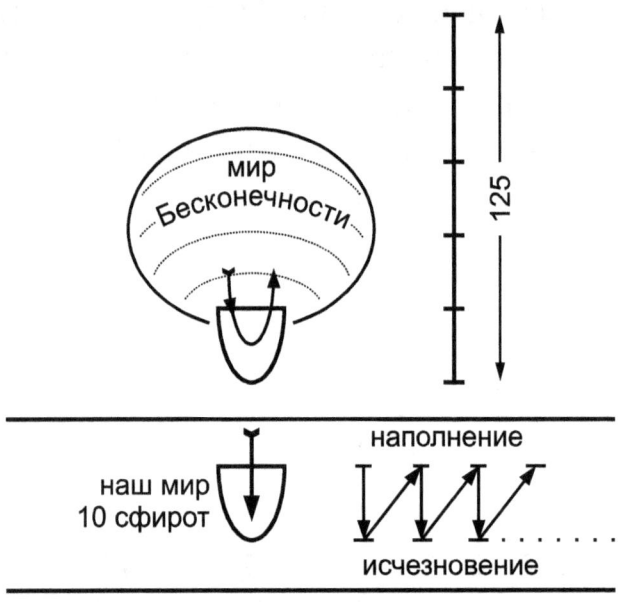

Попытаемся понять, каким образом эта статья раскрывает нам возможность обрести состояние каждой, более высокой, ступени – как добавить себе свойство Творца, каким образом это делается.

Из системы строения миров мы знаем, что свет из мира Бесконечности через мир Адам Кадмон проходит в мир Ацилут. В мире Ацилут закладывается основа обретения творением состояния Творца. Мы этого не ощущаем, потому что в нашем духовном развитии мы – как дети в нашем мире – развиваемся в приобретении, в обретении того, чего в нас нет.

До определенного возраста ребенок развивается в состоянии незнания, непонимания, воспринимая мир таким, каков он есть. При этом он приобретает все новые навыки, поднимается на новые ступени. А когда он становится взрослым, то перестает развиваться, – происходит процесс наполнения тех внутренних свойств, ячеек памяти, которые он развил в детском возрасте.

Так же и мы с вами – поднимаемся на следующую ступень, не понимая, как и для чего, и зачем, ничего не зная о ней, то есть совершенно не зная следующего своего состояния. Поднялись, получили наполнение, и снова подъем. И так далее, и так далее… Мы можем охарактеризовать этот подъем, как развитие ощущения, кли, и затем его наполнение; или как чередование падений и подъемов; или можно сказать, что мы продвигаемся верой, а потом знанием, и снова верой, и снова знанием.

Наше восхождение основано на устройстве, которое заранее предусмотрено в мире

Ацилут, – парцуфе Арих Анпин. Это очень сложная система. Требуются годы (где-то 15-20 лет), чтобы получить хоть небольшое представление о том, как она работает, но и тогда очень многие вопросы остаются без ответов. Если ответы четко не прописаны, если ты их не постиг, то точного ответа ты никогда не узнаешь. В духовных мирах это всегда непредсказуемо – нет аналогов ни в наших предыдущих духовных и уж, тем более, в земных представлениях.

Так что, мы изобразим Арих Анпин, как обычно, просто покажем в нем самое главное. Арих Анпин – это: Кетер, Хохма, Бина

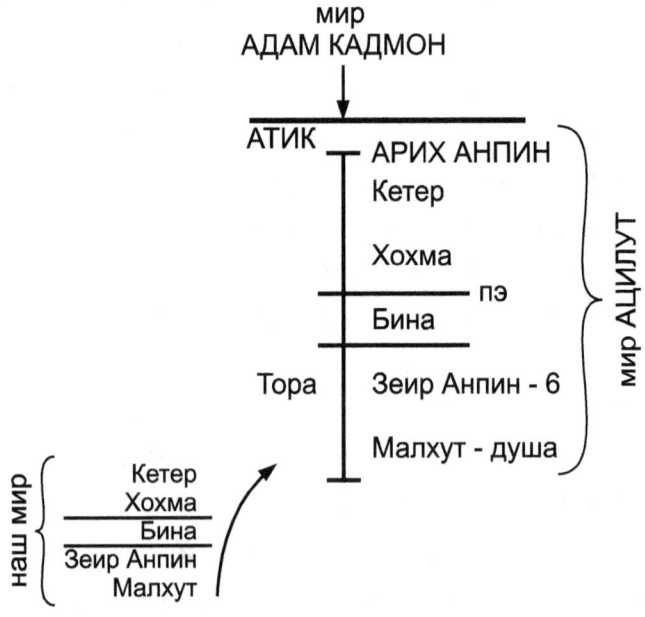

(выходит наружу, под его пэ), Зеир Анпин и Малхут.

Именно это разделение – выход Бины наружу – обязывает все низшие парцуфим, которые поднимаются из нашего мира, строить себя таким же образом: Кетер, Хохма, Бина (отдельно), Зеир Анпин и Малхут.

К чему это? Для того чтобы поднимаясь и обретая новые свойства, человек мог раскрыть в этих новых свойствах, в своем новом облике, совершенно иную конструкцию, которая в нем не находится изначально – «Творец в нем». То есть нам дается возможность не просто вырасти большими или умными, не просто вырасти в свойстве получения или в свойстве отдачи, а дается нам возможность на каждой новой духовной ступени обрести иную природу.

41. Рабби Хия и рабби Йоси шли по дороге. Когда приблизились к одному полю, сказал рабби Хия рабби Йоси: «Когда говорится: "бара шит" (сотворил шесть), имеется в виду, конечно, "берешит", потому что шесть высших дней, то есть ВАК де-Бина, светят Торе, то есть Зеир Анпину, а остальные, то есть ГАР де-Бина, скрыты».

Рабби Хия и рабби Йоси шли по дороге, то есть поднимались по духовным ступеням. **Когда приблизились к одному полю** (поднялись на определенную духовную ступень, на определенный духовный уровень), **сказал рабби Хия рабби Йоси:**

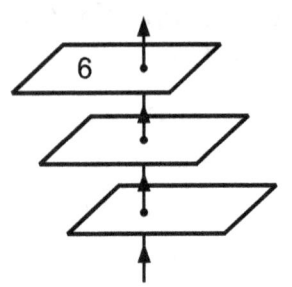

«Когда говорится: "бара шит" (сотворил шесть), имеется в виду, конечно, «берешит» ("берешит" – с этого слова начинается Тора), **потому что шесть высших дней, то есть ВАК де-Бина, светят Торе, то есть Зеир Анпину, а остальные, то есть ГАР де-Бина, скрыты».**

Рабби Хия и рабби Йоси – это великие каббалисты, ученики рабби Шимона, которые вместе с ним писали книгу «Зоар». Они рассказывают нам о том, что постигли в Высшем мире.

«Зеир Анпин, – говорят они, – это Тора, шесть высших дней. И это заключено в слове "Берешит" (В начале)».

С другой стороны, «бара шит», – то есть создал шесть свойств, а все остальные свойства спрятаны выше, скрыты. Почему же они скрыты? Потому что скрыта Бина, то есть скрыты, отделены Кетер, Хохма и ГАР де-Бина (свойство Бины). Таким образом, Зеир Анпин (и это подчеркивается в «бара шит») получает от Бины только шесть свойств, шесть сфирот: Хесед, Гвура, Тиферет, Нецах, Ход, Есод.

Для чего это сделано?

В процессе подъема наше эго проявляется во всей своей мощи, во всех десяти сфирот. Поэтому мы должны иметь возможность ограничения нашей эгоистической части. Каким образом это происходит? – Заменой системы управления.

Смотрите. Мое духовное тело состоит из разума (система управления) и желания. Я могу перенести свое желание и подчинить его новой системе управления. Свыше мне дана только низшая система (Зеир Анпин – Малхут). Но если я полностью отменяю свой разум, то есть, как ребенок в нашем мире, готов подчиниться взрослому, для того чтобы понять его, стать таким, как он, овладеть его взглядом на мир, – тогда приходит разум, скрытый в Кетер, Хохма, Бина.

В этом и заключается процесс нашего развития.

Поскольку мы должны перейти от восприятия реальности в эгоистических желаниях к восприятию реальности в желаниях отдачи, авторы книги «Зоар», как и все каббалисты, рассказывают нам о всевозможных исправлениях, которые мы должны совершить в нашем желании, при переходе со ступени на ступень.

У нас всегда есть духовный парцуф, то есть определенное, ограниченное восприятие реальности. А для того чтобы перейти от текущего восприятия действительности к продвинутому, мы должны увеличить желание, привлечь к нему исправляющий, Высший, свет и выстроить следующий парцуф, то есть себя на более высокой ступени.

42. Но сказано в тайнах творения «берешит», что скрытый святой утвердил законы в Бине, в скрытом и тайном, то есть в Малхут парцуфа Атик, являющегося парцуфом с Малхут Цимцум Алеф, поднявшейся до Бины и убравшей АХАП Арих Анпина ниже его головы. А тот же закон, который утвердил в Бине, скрыл все в нем, и все спрятано теперь под од-

ним ключом. А тот ключ спрятал в одном зале. И хотя все спрятано в этом зале, самое главное находится в том ключе, потому что он все открывает и закрывает.

Но сказано в тайнах творения «берешит», что скрытый святой (это парцуф Атик; Атик – от слова «нээтак», то есть «исчезающий из нашего постижения») **утвердил законы в Бине, в скрытом и тайном,** то есть в Малхут парцуфа Атик, являющегося парцуфом с Малхут Цимцум Алеф, поднявшейся до Бины и убравшей АХАП Арих Анпина ниже его головы (я сейчас все это объясню). **А тот же закон, который утвердил в Бине, скрыл все в нем, и все спрятано теперь под одним ключом. А тот ключ спрятал в одном зале. И хотя все спрятано в этом зале, самое главное находится в том ключе, потому что он все открывает и закрывает.**

Итак, в чем же состоит условие моего вхождения на высшую ступень? Оно состоит в том, чтобы я на своей низшей ступени смог сделать из себя как бы слепок этой ступени. Это аналогично тому, как к замку подбирается ключ:

– во-первых, для того чтобы войти в замок, ключ должен соответствовать форме замочной скважины;

– во-вторых, его конфигурация должна соответствовать запирающему устройству, чтобы ключ мог проворачиваться в замке, открывая или закрывая его.

То же самое происходит при нашем подъеме:

– первое действие (ключ входит в замок) – это наша адаптация к высшей ступени;

– второе действие (ключ проворачивается в замке) – наша совместная работа, взаимодействие с этой ступенью.

Первое действие, адаптация.

Мы – из нашего мира, из состояния абсолютного эго – должны подняться и обрести состояние Гальгальта Эйнаим, свойство Бины. Для этого-то Бина и «отрезана» от высших свойств. Постепенно, поступенчато мы полностью аннулируем свое эго и обретаем свойство отдачи, поднимаемся в свойство Бины. Мы адаптировали свою форму под высшую, но еще не начали вместе с ней работать.

А тот ключ спрятал в одном зале.

Каким образом я обретаю этот ключ? Зал – это Бина. Когда я вхожу в этот зал, понимаюсь в Бину, я же совершенно не понимаю, каким я должен быть. Мы с вами не имеем ни малейшего представления о том, что значит «обрести какую-то форму духовного мира».

То есть «я» – это просто материал. Когда, работая над своим эгоизмом, полностью аннулируя его, я вхожу в этот зал, то я отдаю себя, свой материал, высшему. Я еще не сотрудничаю с ним – я просто хочу, чтобы он придал мне нужную ему форму. Я не создаю в нем каких-то возмущений, с моей стороны нет никаких помех. Я нахожусь в нем, как, допустим, зародыш в матери: он не мешает – наоборот, весь ее организм настроен на то, чтобы взрастить его, отдать ему все лучшее, все необходимое. В то же время чужеродное тело вызывает в организме реакцию отторжения, желание выбросить его из себя.

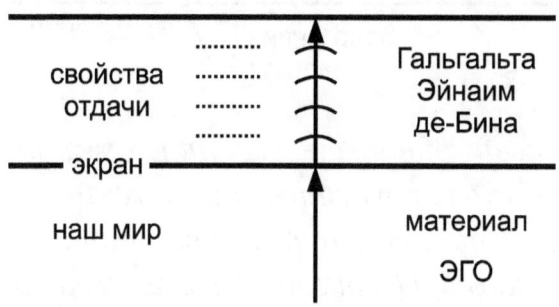

«А когда парцуф, – пишет "Зоар", – получает свыше силы противодействия эгоистическим желаниям своих келим АХАП и может получать ради Творца, это значит, что он приобрел экран против своих желаний и может с ними также работать на Творца».

Мы приобрели свойства Гальгальта Эйнаим высшего парцуфа. Это и называется «ключ, вставленный в замочную скважину». Это еще не работа.

«Тогда он поднимает, – продолжает "Зоар", – свою Малхут в никвей эйнаим… Таким образом, только Малхут, стоящая в никвей эйнаим (мы поднимаем Малхут в ее новое состояние), открывает или закрывает доступ света в парцуф», и таким образом подводит нас к подобию высшему парцуфу.

Никвей эйнаим – граница между ГЭ де-Бина (альтруистическими желаниями – желаниями, отдающими «ради отдачи») и АХАП де-Бина (эгоистическими желаниями – желаниями, отдающими «ради получения»).

В нижнем объекте экран (масах) «находится» в его глазах (в никвей эйнаим). Это называется «духовная слепота глаз» (стимат эйнаим), потому что в таком состоянии нижний видит всего лишь половину Гальгальта Эйнаим высшего. Получается, что экран нижнего скрывает от него высший объект.

Если высший объект передает свой экран нижнему, то этим открывает себя нижнему, который начинает видеть высшего, как тот видит себя – в «большом состоянии» (гадлут), и осознает, что прежнее сокрытие себя, «малое состояние» (катнут), высший делал специально, для пользы нижнего.

Таким образом, нижний получает ощущение важности высшего.

43. В том зале скрыты огромные сокровища, одни над другими. В том зале есть наглухо закрытые ворота, чтобы закрыть доступ света. И их 50. Разделились они по четырем сторонам, и стало их 49, потому что у одних ворот нет стороны и неизвестно – они наверху или внизу. А потому остались они закрытыми.

В процессе адаптации человек обретает 248 свойств высшего парцуфа.

А теперь – поворачивая ключ в замке, открывая его – человек начинает сотрудничать с высшим парцуфом, то есть приобретать его свойства, одновременно добавляя свой материал, свои желания. В результате человек получает еще 365 новых свойств.

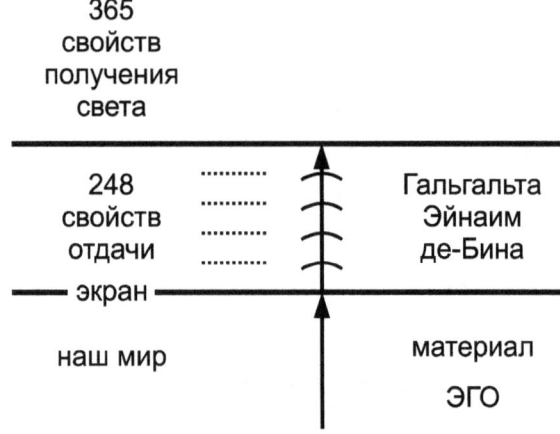

Причем – ну, как вам сказать – разве мы, в нашем мире, учимся, как быть взрослыми, что значит быть родителями?.. Это же не происходит, как процесс обучения, а потом выполнения. Мы одновременно и учимся, и выполняем. Так устроен наш мир, потому что он является отпечатком мира духовного. В духовном мире нет разделения на множество действий. То есть наше исправление: включение внутрь высшего парцуфа, совместная работа с ним, наше обретение его свойств, слияние с ним – все это происходит одновременно.

Мы учимся на собственных ошибках.

Мы не можем прожить нашу жизнь дважды. Мы не можем вернуться и – с нашими новыми знаниями, с накопленным опытом – прожить ее по-другому. Если бы мы могли так сделать, скольких ошибок мы бы избежали. А возможно, убедились бы в том, что все равно, несмотря ни на что, совершаем те же ошибки. Кто знает…

А непослушные дети… Мы же все время их воспитываем: «Не делай так. Слушай, что я тебе говорю. Смотри, как надо делать». Как правило, дети не слушают нас, как и мы не слушали своих родителей.

Почему? Непонятно.

Это исходит из Высшего мира, потому что в Высшем мире мы идем «верой выше знания». В Высшем мире мы не совершаем ошибок – в Высшем мире, благодаря тому, что мы до этого обрели свойство отдачи, мы мгновенно подключаемся к голове высшего парцуфа, она становится нашей. В нашем же мире, где мы не в состоянии расстаться с нашим эгоизмом, этого, к сожалению, нет.

В том зале (в том, где мы приобретаем 365 новых свойств) **скрыты огромные сокровища, одни над другими. В том зале есть наглухо закрытые ворота, чтобы закрыть** к ним (сокровищам) **доступ света. И их 50** (этих ворот). **Разделились они по четырем сторонам, и стало их 49…**

«Ворота, – объясняет нам "Зоар", – означают сосуд, желание получать свет. Они могут находиться в двух состояниях: когда они закрыты и ничего не получают; и когда они открыты, и получают Высший свет. Когда все они закрыты, – их 50».

Каким образом получается 50?

Зеир Анпин – это шесть сфирот: Хесед, Гвура, Тиферет, Нецах, Ход, Есод, и вместе с Малхут, которая поднялась к нему, их всего семь. Семь, умноженные на семь частных сфирот в каждой, – это 49. А пятидесятые ворота – это Малхут, которая поднялась в никвей эйнаим.

«Но раскрыть можно только 49 из 50, потому что одна сфира из всех пятидесяти – Малхут де-Малхут – не получает света до конца исправления всех келим-желаний, ибо заранее известно, что у нее нет сил противодействовать такому большому наслаждению из-за эгоистического желания самонасладиться».

Пятидесятые ворота носят название «шаар нун» (шаар – ворота, нун – 50). Эти ворота постоянно закрыты, потому что Высший свет, который входит в эти ворота, весь свет Бесконечности, можно будет получить только тогда, когда абсолютно все души достигнут полного исправления. Это состояние называется «шесть тысяч лет».

Что это значит?

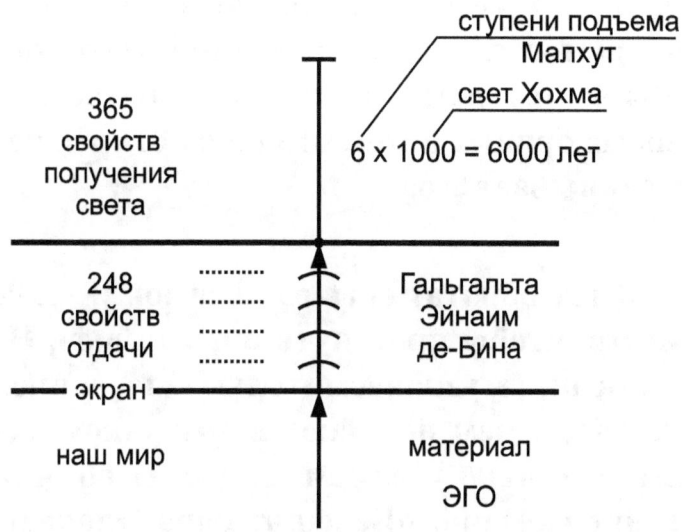

«Шесть» – это шесть ступеней Зеир Анпина, по которым должна подняться Малхут. «Тысяча» – это свет Хохма, это его мощность. И поэтому такое состояние называется «шесть тысяч лет».

44. В тех воротах есть один замок и узкое место, чтобы просунуть в него ключ. Не записан, а узнаваем только по записи ключа, о чем не знают в том узком месте, а только в самом ключе. И об этой тайне сказано: «Берешит бара Элоким» (В начале создал Творец). «В начале» – это ключ, и все скрыто в нем, он открывает и закрывает. И шесть ворот включает в себя тот ключ, открывающий и закрывающий. Когда закрывает те ворота – включает их в себя, то написано «В начале», открытое слово, хотя обычно закрытое. «Бара» (создал) – везде это закрытое слово, говорящее о том, что ключ открывает и закрывает его.

В тех воротах есть один замок и узкое место, чтобы просунуть в него ключ. Не записан, а узнаваем только по записи ключа, о чем не знают в том узком месте, а только в самом ключе. И об этой тайне сказано: «Берешит бара Элоким»

(В начале создал Творец). То есть **«В начале»** – это ключ, и все, что **скрыто в нем, он открывает и закрывает. И шесть ворот включает в себя тот ключ, открывающий и закрывающий. Когда закрывает те ворота – включает их в себя** (ворота сами по себе входят в ключ)…

Поэтому **написано «В начале»**, то есть «получает в себя».

«Бара» (создал) – свойства, которые ключ получает в себя, создают его форму, и он достигает свойства Бины, свойства Творца (Элоким).

Я не знаю, что тут можно добавить. Говорится об очень непростом, таком деликатном изменении в творении, – когда, с одной стороны, оно остается самим собой, а с другой, в это же время обретает свойства Творца. Аналогов этому в нашем мире нет. Можно, конечно, что-то говорить о внешнем виде, которое обретает творение, или об обретении им разума Творца… Но это все, в принципе…

Очень интересный патент применил Творец. Создав творение, причем, создав его Своей силой, Он при этом создал в нем возможность – самостоятельно! – сотворить из себя Творца. Вот передать это практически невозможно.

Книга «Зоар», как и вся каббала, говорит о том, как нам вызвать на себя Высший свет, который будет нас поднимать по ступеням духовных миров, и тогда, по мере подъема, мы поймем, о чем говорится. Сейчас, когда мы с вами находимся, вообще, ниже всех этих ступеней, говорить о новом разуме, о новых измерениях, о совершенно иной логике, которая нам не присуща, о тех впечатлениях, которые не существуют у нас сегодня, конечно, очень сложно. Но, все равно, что-то мы с вами изучаем, что-то, как-то понимаем, притягиваем на себя Высший свет, и постепенно он нас исправляет.

Конечно, не войдя в эти состояния, понять, что там происходит, невозможно, потому что понимание происходит и в желании, и в разуме. И желания, и разум в духовных мирах совершенно иные. Это другие расчеты, другие ощущения, другие измерения. Это вне рамок времени, пространства и тех ценностей, которыми мы сегодня оперируем.

Представьте себе – я попробую все же взять пример из нашей жизни, ведь ничего другого придумать нельзя – мать и ребенок.

Она ничего не видит вокруг, она смотрит только на него, вся забота только о нем, ничего больше в мире не существует. Самое главное не то, что чувствует она, а то, что чувствует он!

Если я таким образом начинаю относиться к окружающему меня миру, то перестаю себя ощущать. Я таким образом действительно вызываю на себя Высший свет. В случае матери и ребенка этого не произойдет, потому что ее отношение к ребенку – это животный уровень, это выполнение программы, заложенной в ее природе. А вот если я добиваюсь подобного отношения к миру, когда все, что происходит вне меня, для меня важнее, чем то, что происходит со мной, тогда я теряю ощущение своего тела и начинаю ощущать не этот мир, а его высшее свойство, Творца, ощущать вечное существование.

Но нам, сегодняшним эгоистам, это не дано. Как мы уже говорили в начале статьи, все, что мы воспринимаем, – мы воспринимаем в нашем желании, и если наше желание эгоистическое, то замена десяти «отработанных» сфирот на новые ощущается нами, как смерть.

Поэтому выйти из рамок нашего мира и начать ощущать себя существующим вечно – это наша с вами первоочередная задача. А потом мы начнем расти дальше, вплоть до «состояния ключа», откроем пятидесятые ворота и выйдем в полное исправление.

Что мы должны просить, изучая «Зоар»? Только одного: чтобы Высший свет, который создал наш эгоизм, помог нам приподняться над этим эгоизмом. Приподнимаясь над ним, мы создаем перепад напряжений – между нами, поднимающимися, и своим эгоизмом, – и обретаем в этом перепаде новое кли, новое состояние, новые желания, новые ощущения.

В нашем мире только Высший свет может что-то изменить, а «Зоар» – наиболее эффективное средство для его привлечения. Если мы не будем изменять себя с помощью Высшего света, то так и останемся в ощущении нашего мира: рождающимися, умирающими, и снова, и снова, и снова. Только Высший свет может нас приподнять и вывести в состояние «вне себя» – в это на самом деле наше настоящее существование.

Если бы люди понимали, что путь к счастью – это путь избавления от эгоизма. А чем мы все время занимаемся? Мы все время занимаемся только лишь тем, что пытаемся ограничить наш эгоизм: или с помощью хороших манер, или с помощью всяческих договоров и законов, с помощью тюрем, полиции и так далее. Но мы видим, что это не помогает. Эгоизм растет, удовлетворить его запросы мы не в состоянии, и проблемы, проблемы, проблемы...

Поэтому нам надо как можно быстрее распространить знание о том, что эгоизм не надо ограничивать, а надо приподняться над ним, и что существует возможность это сделать.

Подъем над эгоизмом возможен только с помощью Высшего света, который нисходит на нас при изучении книги «Зоар». Вот поэтому мы ее изучаем, и поэтому в течение учебы надо только об этом и думать.

Погонщик ослов
(четвертая часть, п.п. 89-96)

Мы еще не понимаем, какая серьезная нам выпала работа.

Миллиарды лет развития вселенной, вся история человечества, вплоть до нашего времени – все это давит на нас, чтобы сегодня мы реализовали связь Творца со стоящим за нами огромным, многослойным эгоистическим желанием. Вся толща этого желания должна соединиться с Творцом сквозь крохотное отверстие – обретаемое нами свойство отдачи, и на нас возложено протащить весь созданный Творцом эгоизм в это «игольное ушко».

Мы чувствуем, что стоим перед стеной своего эгоизма, но еще не понимаем, что это за стена – ведь это сила Творца. Нам кажется, что это обычный порок в нас, что мы можем сами его подавить, отбросить от себя. Но не получится – и мы убе-

димся, что изменить нашу эгоистическую природу может и должен сам Творец, но по нашей просьбе.

Весь путь нисхождения духовных миров и последующего развития человечества в нашем мире приходит сейчас к кульминационной точке соединения с Творцом, и мы должны реализовать это соединение. Наша миссия кажется нам грандиозной, но Творец возложил ее на всех нас. Сколько раз в Торе Моше жалуется Творцу, что не в силах исполнить свою миссию, а Творец обязывает его продолжать!

Поэтому нужно понять, что наша задача необычайно тонкая и деликатная, но если мы сконцентрируем общие усилия всех, занимающихся в нашей системе по всему миру, – то добьемся успеха. Нам даны для этого все возможности свыше – в этом нет сомнения. Нам надо только ясно представить себе задачу и попросить помощи Творца.

Мы – это то самое творение, которое должно прийти к слиянию с Творцом и этим дать возможность всему человечеству, всем душам подниматься к совершенному состоянию. Стена, стоящая перед нами – это сам Творец. И Он стоит и ждет, ког-

да мы разобьем Его, чтобы возрадоваться, что «победили Его сыновья»!

Мы продолжаем изучение статьи «Погонщик ослов». Вспомним, почему она так называется.

Осел – на иврите «хамор», от слова «хомер» – материал, материя. Иврит – это особый язык, в котором слова соответствуют свойствам обозначаемого ими объекта. Осел потому и осел, что это самая, что ни на есть, животная материя, подлинное животное, которое двигается только по принуждению, а без этого – абсолютно хладнокровно, спокойно и невозмутимо. Он функционирует только согласно тем решимот, информационным данным, генам, которые в нем заложены. Он полностью управляем.

Так и мы. Мы в этом мире существуем в виде осла. Наш эгоистический материал находится в состоянии абсолютного покоя. Это его естественное состояние, и если он делает какое-то движение, то только потому, что следующее состояние – явно, заранее – ощущается им предпочтительней, чем то, в котором он находится сейчас. Только тогда это действие считается оправданным, только тогда оно действительно считается вознаграждением, а иначе он и не пошевелится – этот, наш с вами, осел.

Как управлять нашим материалом, нашими свойствами, чтобы в течение этой жизни, в этом мире, привести нас к уготовленному нам духовному возвышению, – об этом говорит каббала.

Наша жизнь в этом мире – это: «неживой», «растительный» и «животный» уровни развития, пройдя которые, мы должны достигнуть следующего состояния, называемого «человек». Мы с вами, по мнению каббалы, – это «животный» уровень. В этом нет ничего оскорбительного – подчеркивается наша абсолютная управляемость, с полным отсутствием свободы воли.

Что заставляет осла двигаться вперед? – Стимул – палочка с заостренным концом, которой погонщик покалывает осла.

Точно таким же образом, объясняет «Зоар», на нас действует сила, заставляющая нас двигаться вперед, развиваться. Эта сила – ангел, так называемый, – это и есть наш погонщик. Под воздействием этой силы мы пришли к нашему сегодняшнему, «животному», состоянию, и теперь начали ощущать, что наше движение к этому состоянию было вынужденным. Мы ощущаем, что оно тупиковое – это состояние, что дальше двигаться некуда. Но погонщик продолжает покалывать нас, и мы с вами, как несчастные ослы, мечемся в этом загоне в поисках хоть какого-то выхода.

Это не издевательство над животными, а запрограммированная ситуация, в которой проявляется еще одна сила воздействия на нас – не сила, вынуждающая нас двигаться в плоскости нашего мира, а подъемная сила. «На смену прежнему погонщику, – говорит "Зоар", – приходит новый, который заставляет нас двигаться вверх, по направлению к реализации нашего предназначения – к достижению уровня "человек", к Творцу».

Начиная с нашего времени, невозможно дальнейшее духовное продвижение в «качестве ослов», и поэтому мы не можем относиться к нашей жизни, как к вынужденному времяпрепровождению. Ситуация, в которой мы оказались, заставляет нас искать осознанный, прогнозируемый, определяемый нами путь развития, и поэтому постоянно растет желание узнать смысл каждого нашего действия, всех наших действий, то есть смысл нашей жизни.

Итак, новый погонщик принуждает нас самих обнаружить цель, которую мы должны достичь, самим найти стимул и самим погонять себя, и тогда уколы стимула будут нам в радость, потому что они устремляют нас к желанной нам цели.

А теперь напомним, кто ведет беседу с этим погонщиком.

Рабби Эльазар и рабби Аба – это великие мудрецы «Зоара».

Рабби Эльазар (следующая ступень рабби Шимона, РАШБИ) – это самая высокая ступень, кроме Моше, которую достиг каббалист.

Рабби Аба – это тот ученик рабби Шимона, который записывал слова своего учителя. Он записывал их таким образом, что те, кто не понимает, о чем идет речь, представляют себе совершенно неправильные, неверные картины духовного состояния.

Для чего это сделано? Для того чтобы не испортить людей, не дать им возможность прикасаться к духовным силам. Ведь вся проблема человека в нашем мире состоит в том, что он начинает обладать теми силами, к обладанию которыми морально не готов. Напротив того, в каббале человек всегда постигает только ту ступень, только тот уровень, который он может использовать во благо себе и другим.

Так вот, они просят погонщика рассказать, кто его отец, то есть какова его предыдущая ступень.

89. Но место проживания отца моего было в великом море. И он был большой рыбой, постоянно кружащей из конца в конец по всему морю. И был он велик и состарился, пока не проглотил всех рыб в том море. А затем выпустил их из себя – живых и полных всего самого лучшего в мире. И в его силах было проплыть все море в одно мгновение.

И вытащил его, достал, как воин стрелой, и доставил в то место, о котором сказал я вам, – в башню, парящую в воздухе, но вернулся он на свое место и скрылся в том море.

Но место проживания отца моего было в великом море. «Великое море» – это Малхут мира Бесконечности.

И он был там **большой рыбой** (то есть скоплением, квинтэссенцией мудрости;

мудрость – это свет Хохма), **постоянно кружащей из конца в конец по всему морю.**

И был он велик и состарился, пока не проглотил всех рыб в том море (то есть все остальные, какие бы это ни были, вкрапления мудрости в этом море, – все они объединились в одном великом, большом, краеугольном свойстве).

А затем выпустил их из себя – этих маленьких рыб, которых проглотил, – **живых и полных всего самого лучшего в мире.** Он их «проглотил», то есть впитал, абсорбировал в себе, для того чтобы наполнить своей мудростью и затем снова выпустить.

И в его силах было проплыть все море в одно мгновение. Говорится о душе, которая не постепенно, поступенчато поднималась по всем ступеням всех миров, а включала в себя абсолютно все ступени, как одно единое целое, как одну ступень.

И вытащил его, достал, как воин стрелой, и доставил в то место, о котором сказал я вам, – в башню, парящую в воздухе (Творец вытащил его отца, то есть всю эту огромную высшую мудрость, и поднял **в башню, парящую в воздухе**), **но затем вернулся он на свое место и скрылся в том море.**

Рассказ погонщика о своем отце – это, в действительности, описание головного уровня мира Ацилут, представляющего собой два огромных блока: Атик и Арих Анпин. В них заложена вся мудрость творения, весь свет мудрости – свет Хохма. Весь этот свет заключен в «одной большой рыбе». Почему в «рыбе»? Потому, что свет Хохма находится в оболочке из света Хасадим, – иначе, как мы знаем, свет Хохма получить невозможно.

Когда мы с вами поднимаемся из нашего мира (мы уже не раз обращались к этой

схеме), мы поднимаемся сначала в Бину – в свойство отдачи, а затем в Хохму или Кетер (неважно, как назвать) – это уже получение ради отдачи.

Кетер	получать ради отдачи
Бина	хафец хесед отдача
	этот мир

Вот таким образом «Зоар» аллегорически объясняет нам эту систему.

Мы учимся не для того, чтобы знать. Знать все равно ничего не будешь до тех пор, пока не увидишь, не почувствуешь на себе, не вкусишь. Поэтому сказано: «Вкусите и почувствуете, и узнаете, как прекрасен Творец», – то есть вся система мироздания. Ты должен Его узнать, ощутить, вкусить, ты должен Его впитать в себя. Только таким непосредственным путем можно Его понять. А до этого мы ничего не понимаем.

Поэтому будем вызывать на себя нашими занятиями Высший свет, чтобы он раскрыл нам сердце, наше желание, таким образом, чтобы оно смогло ощутить Высший мир.

90. Посмотрел рабби Эльазар на сказанное им и ответил: «Ты сын Святого источника, ты сын рабби Амнона Саба, ты сын Источника Торы – и ты погоняешь за нами ослов!» Заплакали вместе, поцеловались и пошли далее. Сказал далее: «Может, угодно господину нашему сказать нам свое имя».

Посмотрел рабби Эльазар на сказанное им и ответил: «Ты сын Святого источника, ты сын рабби Амнона Саба, ты сын

Источника Торы, то есть Света, – **и ты погоняешь за нами ослов!»**

«Кто ты – и кто такие мы. И ты, с такой высоты, погоняешь наших ослов».

Заплакали (плач – это признание своего низшего, «малого», состояния) **вместе** рабби Эльазар и рабби Аба, **поцеловались** («поцеловались» – зивуг де-нешиким, то есть соединились между собой на уровне общего понимания, на уровне мыслей, намерений), то есть поцеловали погонщика, **и пошли далее.**

Пошли, естественно, все вместе, потому что без погонщика они идти не могут – он должен их поднять до своего уровня.

Сказал далее: «Может, угодно господину нашему сказать нам свое имя».

Названия всех объектов нашего мира, всех наших действий, имена наших детей мы выбираем, как нам кажется, произвольно. Что значит: «произвольно»? А мы не знаем, как это все приходит нам в голову.

У меня родился сын, и я его назвал Ури. «Ури» – от слова «ор» (свет). Если вы меня спросите, почему я его так назвал, то я отвечу: «Не знаю. Пришло в голову». Откуда? Случайностей в мире нет. Естественно, это

Высшее управление дало соответствующую команду (всё управляется таким образом), и я выбрал имя сыну.

Названия, которые – как мы считаем – образовались в результате нашей эволюции, нашего общения, заимствования из других языков и так далее – все это неверно.

А что же верно? – Огромное духовное кли постоянно сближает нас между собой, перемешивает, и в результате этого у нас возникают всевозможные ощущения. Эти ощущения получают свыше – нам непонятную, неизвестно откуда взявшуюся – информацию, и это те названия, которые мы даем.

Что значит название объекта в духовном мире? В духовном мире название объекта – это его постижение.

Я что-то вижу и начинаю все пристальней и пристальней вглядываться, вглядываться в этот объект. Постепенно я начинаю понимать, что это такое, его причинно-следственные связи, его внутреннюю суть, и, в соответствии с этим, я ощущаю его имя, – его основное свойство.

Каждый духовный объект (мы неоднократно говорили об этом) состоит из пяти стадий (справа налево): 0-1-2-3-4, соответственно: Кетер, Хохма, Бина, Зеир Анпин,

Малхут. Это основа каждого объекта, так называемое, АВАЯ, гематрия которого – 26 – величина постоянная.

В каждой из этих стадий находится свет (слева направо): Нефеш, Руах, Нешама, Хая, Йехида – НАРАНХАЙ. Свет зависит от экрана, которым обладает объект, и поэтому это величина переменная.

Переменный свет, вошедший в постоянное АВАЯ, дает мне в сумме имя. Поэтому в духовном мы точно знаем имя каждого объекта, каждого явления.

$$\text{имя} \begin{cases} \text{АВАЯ} = \boxed{\text{Малхут} \quad \text{Зеир Анпин} \quad \text{Бина} \quad \text{Хохма} \quad \text{Кетер}} = 26 \\ \quad\quad\quad 4 \; - \; 3 \; - \; 2 \; - \; 1 \; - \; 0 \\ \boxed{\text{Нефеш} \quad \text{Руах} \quad \text{Нешама} \quad \text{Хая} \quad \text{Йехида}} = \infty \end{cases}$$

Таким образом, ничего в нашем мире вдруг, откуда ни возьмись, не появляется. Все приходит свыше, и все абсолютно четко детерминировано, определено заранее.

Так вот, рабби Эльазар и рабби Аба просят погонщика назвать свое имя, то есть дать им возможность достичь той ступени, откуда он низошел к ним. И он начинает рассказывать.

Связь с текстом «Зоара» придет позже, и вы начнете чувствовать, какое волнение он в вас вызывает. «Зоар» трогает сердце человека, как будто это письмо, очень личное и интимное, написанное кем-то очень тебе близким и дорогим, наполняющее твою жизнь.

Ты можешь проходить разные состояния, погружаться в какие-то мысли и действия, но когда ты возвращаешься к «Зоару», то чувствуешь, как он оживляет тебя, наполняет, успокаивает. Этот текст выражает состояние души, находящейся в абсолютном слиянии с Творцом.

Если человек получает самое начальное ощущение духовного, – то он уже понимает, что это значит. Для него это словно личное послание свыше. А после этого, самого первого чувства, появляются более сложные и богатые ощущения. Нам нужно войти в соприкосновение с духовным – даже не первое слияние, но какое-то его предчувствие, ощущение, поднимающееся за границы всей обычной реальности. Все как бы остается прежним, но выше всего есть состояние, начиная с которого и далее человек соединяется с «Зоаром».

91. Открыл и начал. Сказано: «Бенияу, сын Яуяда». Это красивое повествование, но для того, чтобы показать высшие тайны Торы. А само имя – Бенияу, сын Яуяда, – говорит нам о тайне света мудрости, света Хохма. Бен Иш Хай – это праведник, оживляющий миры. «Рав паалим» – говорит о том, что Он властитель всего происходящего, что все силы и высшее воинство, – всё исходит из Него, и называется Он – Творец силы, хозяин всех, всего, и во всем Он.

Сказано: «Я – Бенияу, сын Яуяда».

Совершенно непривычные имена, очень сложное произношение. Дело в том, что это не просто слова, – это сочетания букв, которые говорят о свойствах и светах, находящихся на уровне погонщика.

А само имя – Бенияу, сын (бен) Яуяда, – говорит нам о тайне света мудрости, света Хохма.

И именуюсь я также – **Бен Иш Хай**, то есть **праведник, оживляющий миры**.

Бен Иш Хай – сын человека «живого» («бен» – это «сын», «иш» – это «человек»). У человека есть несколько имен: Бен, Иш,

Энош, Адам, Гевер. Пять имен – по количеству частей в душе.

Человек – это устройство. Не говорится о животной части этого устройства – о наших телах, о наших ослах. Погонщик рассказывает о превалирующей в нем части души.

Кроме имени Бен Иш Хай, есть еще одно – **«рав паалим»** («рав» – большой, «паалим» – действующий), то есть многодействующий. Это имя **говорит о том, что Он властитель всего происходящего, что все силы и высшее воинство** (высшее свойство)**, – все исходит из Него, и называется Он** также – **Творец силы, хозяин всех, всего, и во всем Он.** Все эти свойства – это свойства его отца, то есть свойства той ступени, откуда он, погонщик, происходит.

92. **«Рав паалим» он и «мекабциэль» – многодействующее и собирающее это высокое древо, самое большое из всех. Из какого места вышло оно? Из какой ступени произошло? Вновь указывает нам источник – из «мекабциэль», потому что он – высшая ступень, скрытая, которой никто не видел. Всё есть в ней, она собирает в себе весь Высший свет. И всё исходит из нее.**

Нам придется все-таки запомнить эти имена, во-первых, потому, что они многократно встречаются в «Зоаре», и, во-вторых, потому, что они – это корни нашей души.

Значит: Бен Иш Хай – сын человека живого (не как в нашем мире, естественно); рав паалим – многодействующий; мекабциэль – собирающий.

...многодействующее и собирающее это высокое древо, самое большое из всех. Из какой ступени оно произошло? Это вновь указывает нам источник – из «мекабциэль», потому что он – высшая ступень, скрытая, которой никто не видел. Всё есть в ней, она собирает в себе весь Высший свет. И всё исходит из нее.

Таким образом, – объясняет погонщик, – в духовной иерархии «мекабциэль» – это самое высшее свойство, затем – «рав паалим», и последнее – Бен Иш Хай.

> "мекабциэль"
>
> "рав паалим"
>
> Бен Иш Хай

93. Этот высший святой и скрытый зал, в котором собираются все ступени, и все скрыто в нем. Внутри того зала находятся все миры. Все святые силы питаются от него, оживляются им и зависят от него.

Этот высший святой и скрытый зал, в котором собираются все ступени, то есть в нем находится сумма всех действий (кли) и всех светов (ор), все, что только есть в мироздании, находится здесь **и скрыто в нем. Внутри того зала находятся все миры. Все святые**, то есть отдающие, **силы питаются от него, оживляются им и зависят от него.**

Все это находится в парцуфе Атик мира Ацилут.

```
                ┌ "мекабциэль"  — Σ кли + ор
Атик де-Ацилут ─┤ "рав паалим"
                └ Бен Иш Хай
```

94. Он убил двоих – Ариэля и Моава. Два святых Храма существовали благодаря Атику и получали от него – Первый Храм и Второй Храм. Так как исчез Атик, приостановлен процесс, исходящий свыше. Это подобно тому, будто он ударил и уничтожил их.

Он убил двоих – Ариэля и Моава.

Творцом создано желание. Оно разбито на множество самых разных маленьких частей. Но уничтожить его невозможно – это материал творения. В нашем мире – это закон сохранения, неистребимости энергии, материи, энтропии, неважно чего. Это, так сказать, – константа в природе.

Над желанием существует намерение – как мы используем наше желание. Желание – это только получение. Намерение – это как отдача, так и получение. Исходя из этого, я, как творение, могу находиться всего лишь в трех состояниях:

– состояние, когда я наполняю свое желание (намерение получать);

– состояние, когда я перекрываю свое желание и ничего не получаю (не прилагаю никаких намерений);

– состояние, когда я получаю ради того, чтобы вызвать наслаждение в Дающем (намерение отдавать).

Ребенок доставляет огромное наслаждение родителям, когда выполняет их желания; при этом, на самом деле, он все время только получает. То есть в этом состоянии между мной и Дающим должно возникнуть свойство любви, и тогда я смогу использовать это свойство для отдачи.

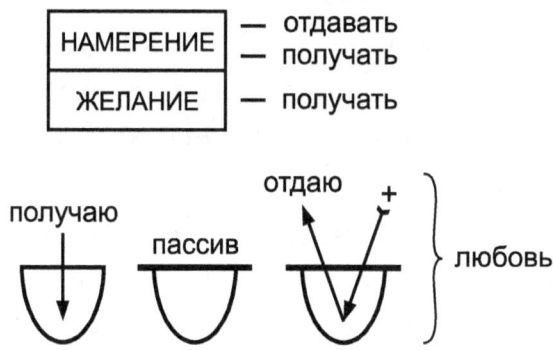

Так вот, «он убил» – имеется в виду, уничтожил намерение получать, гематрия которого на одном из желаний называется «Ариэль», а на другом – «Моав».

Два святых Храма существовали благодаря Атику (высшему парцуфу мира Ацилут) **и получали от него – Первый Храм и Второй Храм. Так как исчез Атик, приостановлен процесс, исходящий свыше** к нам. **Это подобно тому, будто он ударил и уничтожил их.**

Что же произошло дальше?

Потихоньку вы начнете ориентироваться в том сумбуре, в котором – как вам представляется – вы сейчас находитесь. Вы – ребенок, который что-то делает, во что-то играет, и постепенно из окружающего его сумбура начинает проявляться мир, в котором он действительно находится.

Это то, что происходит у нас в каббале, и это, на самом деле, самое естественное вхождение в новое ощущение, в новое пространство.

Так что не волнуйтесь, что все как-то разрозненно, что говорится то об одном, то о другом. На самом деле это все впитывается и складывается в вас, на самом деле новые состояния, то есть совершенно иной мир, невозможно освоить, ознакомиться с ним иначе, как только через такие – как бы это сказать? – ну, несистематические впечатления.

95. А святой трон, Малхут, низвергнут. Поэтому сказано пророком Ихэзкелем: «Я в изгнании». То есть та ступень, называемая «Я», Малхут, в изгнании. Почему? «На реке Квар». Квар (уже), что уже была, а сейчас исчезла. Как сказано: «Река уничтожена и иссохла. Уничтожена в Первом Храме и иссохла во Втором Храме». Потому сказано, что ударил и уничтожил обоих – Ариэля и Моава. Моав – ми Ав, что означает: «от небесного Отца». Все уни-

чтожены для Него – весь свет, светящий Израилю, исчез.

А святой трон, Малхут (система, в которую должны подняться наши души и соединиться в ней)**, низвергнут** (все души «упали», и поэтому она не может получать свет свыше). **Поэтому сказано пророком Ихэзкелем: «Я** («я» каждого из нас, если мы достигаем Малхут и там себя реализуем) **в изгнании** от ощущения Творца».

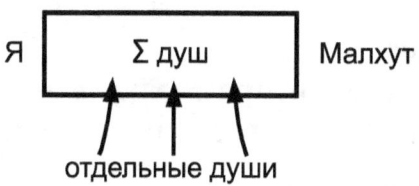

Почему? «На реке Квар» (такое название есть в духовном мире)**, что уже была, а сейчас исчезла. Как сказано: «Река уничтожена и иссохла. Уничтожена в Первом Храме и иссохла – во Втором».**

Река – это поток света, который из источника свыше – через Атик, Арих Анпин, Аба ве-Има, затем через Зеир Анпин – проходил в Малхут.

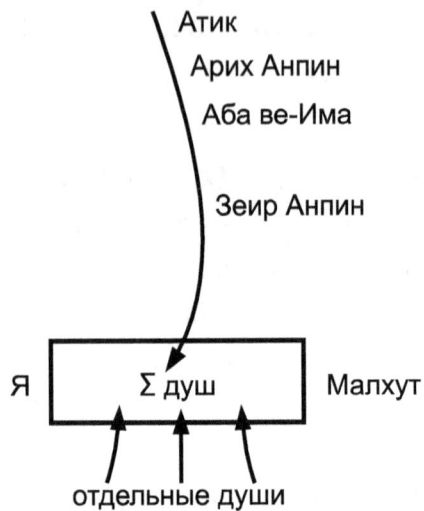

Уничтожена в Первом Храме – иссяк источник, то есть исчез из него (сократился) свет Хохма.

Иссохла во втором Храме – прервался (сократился) свет Хасадим, то есть вообще исчезло само кли.

Но нам, душам, необходимо духовное наполнение, а от потока света осталось мертвое, абсолютно пустое русло. Для того чтобы это наполнение могло свыше прийти и наполнить нас, мы должны проложить путь, по которому пропустим сначала свет Хасадим, а затем можно будет пустить свет Хохма.

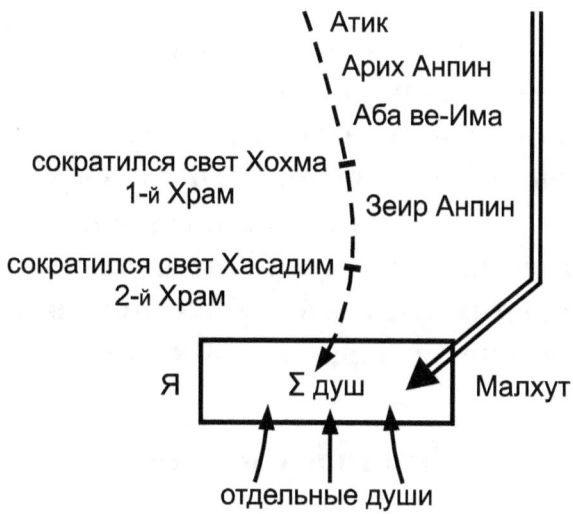

Потому сказано, что ударил и уничтожил обоих – Ариэля и Моава.

Моав – в Торе – это, вообще, название каких-то языческих племен. Все грешники в Торе, все великие злодеи – это на самом деле те наши свойства, к которым мы еще не удостоились подойти, которые еще не удостоились исправить. Поэтому они нам кажутся такими злыми, неприятными, чуждыми и так далее.

Моав – ми Ав, что означает: «от небесного Отца». Все уничтожены для Него – весь свет, светящий вниз, душам, **исчез.**

96. И еще. Спустился и ударил льва. В начале, когда река эта несла свои воды вниз, Израиль был в совершенстве, потому что совершали приношения и жертвоприношения за свои прегрешения для спасения душ своих. Тогда спускался свыше образ льва, тогда видели его на жертвеннике, топчущим тела жертв и пожирающим их, а все собаки (все, наговаривающие на Израиль) замолкали.

И еще. Спустился и ударил льва его отец.

В соответствии с тем, как мы действуем, Малхут имеет два вида духовного олицетворения:

– если мы желаем подняться в Малхут и соединиться в ней, то тогда воплощением Малхут является лев;

– если же мы желаем только получить от нее, ухватить что-то от нее, то тогда Малхут воплощается в собаку (Тора относится к собакам, как к чему-то очень, очень неприятному, неприличному).

В начале, когда река эта несла свои воды вниз, тогда все эти души были еще **в совершенстве, потому что совершали приношения и жертвоприношения за свои прегрешения для спасения душ своих.**

Что значит: «совершать жертвоприношения»? Когда я беру часть своего желания и «прикладываю» его к свойству отдачи, то это мое действие называется жертвоприношением. То есть, на самом деле, жертвоприношение – это исправление души. Каждый раз, «умертвляя» какую-то часть своего эгоизма, я приношу его в жертву свойству отдачи.

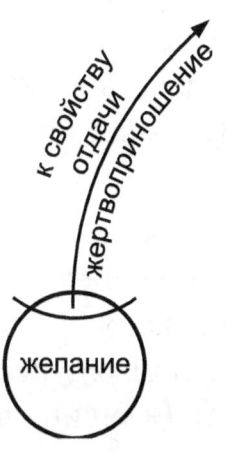

В этом заключается основа жертвоприношения. Нам кажется, что это какие-то языческие обычаи – это не так. Все они имели под собой абсолютно четкие духовные законы.

Тогда спускался свыше образ льва, тогда видели его на жертвеннике, на Малхут,

топчущим тела жертв и пожирающим их, а все собаки замолкали.

То есть когда нисходил, как бы олицетворяющий собой огонь, свет Хохма, тогда все собаки замолкали.

Вот такое образное красивое описание (в оригинале, естественно, гораздо лучше) предлагает нам «Зоар».

Ну, а что же стоит за этими аллегориями, что же на самом деле там происходит?

Сфирот, миры, парцуфим, экраны, и так далее – все эти объекты, механизмы их взаимодействия, как они четко описываются… Ну, на все на это у нас времени не хватит, и не надо.

Нам надо жаждать, стараться, стремиться получить от «Зоара» Высший свет – ну, где же он?! – который нас исправит, и мы начнем ощущать все эти свойства. Приходит Высший свет – и это всё существует в нас, проходит через нас, говорится о нас, о нашей душе, которая совершает жертвоприношения, то есть исправляет себя часть за частью и уподобляется или льву, или собаке. В соответствии с этим раскрывается вечный мир, вечное состояние. И тогда, действительно, Тора становится эликсиром жизни.

В принципе, это то, что нам надо достичь с помощью книги «Зоар».

О состоянии, к которому придет человечество в конце своего эгоистического развития, в «Зоаре» сказано: «лицо поколения будет, как морда собаки».

Я думаю, что это становится совершенно явно. Как собака бегает из угла в угол, обнюхивает – где бы, что-то, как-то, – так и человек рыщет в поисках наживы. Зачем, для чего эти миллиарды, что с ними делать – он и сам не понимает. Может статься, что завтра или даже через час от них ничего не останется, но смотрите, что ради этого делают, сколько губят людей... Просто играют в никому не нужные игры!

И даже это уже уходит. Лицо нашего поколения – это полное отсутствие идеалов, потеря ориентиров, нет даже четкого направления в нашем эгоистическом развитии, даже лидеров нет серьезных.

Какие силы привели нас к этому?

Все это исходит из структуры мироздания, и все это абсолютно четко прогнозируемо, заранее видно, понятно. Наши желания уже существуют в нас и развиваются из заложенных в нас информационных данных. Нет в этих желаниях ничего нового, мы должны их только развить, вернее даже, ускорить их развитие. Они и сами будут развиваться, но только очень медленно, очень длительно, очень болезненно для нас. А мы, с помощью науки каббала, можем ускорить их развитие, сделать его быстрым, приятным и увлекательным.

Именно в этом нам дана свобода воли:

– или мы сами, не дожидаясь ударов погонщика, как можно быстрее пойдем по дороге к нашему исправлению;

– или, что очень неприятно, нас будут подгонять уколы стимула в руках погонщика...

Так что, будем подобны льву, а не ослам и не собакам!

Погонщик ослов (пятая часть; п.п. 97-111)

Всё, что мы ощущаем в исправленном состоянии, — мы ощущаем в едином кли, в едином желании. Мы не можем ощутить духовное в своем личном желании — его емкость недостаточна для этого. Представьте себе, что вы — клетка. О какой емкости может идти речь? Если соединятся две, три, десять, пятнадцать, двадцать клеток, — то уже образуется какой-то объем, в который можно будет что-то вместить.

Так вот, понятия «я» — такого, как в нашем мире, — в духовном мире на самом деле нет. «Я» — имеется в виду человек, который своими усилиями соединяет себя с окружающими. Естественно, его «я» не пропадает, потому что он подсоединятся к великому организму, общей душе, — то есть начинает влиять на нее, отдавать ей, вливаться в нее, сотрудничать с ней. Те качества, свойства, силы, наполнения, которые он передает все-

му этому огромному организму, – это все его, в этой мере он с этим организмом связан, и в этой мере он ощущает его общую жизнь.

Когда вы входите в новый коллектив, то всегда, в таком случае, демонстрируете свое желание быть одним из всех, демонстрируете свою полезность, свою доброту. Это естественное желание эгоизма, который хочет себя чувствовать более безопасно, надежно, удобно, – на первых порах, по крайней мере. Потом вы начинаете показывать коготки, так сказать, и уже действуете по-другому.

Так вот, наше вхождение в духовный мир, наше там существование зависит от меры нашего слияния с великим, могучим и абсолютно исправленным организмом. Единственно неисправленными мы ощущаем только себя, а остальные – в них уже присутствует свет Бесконечности. Я должен, только лишь, к ним примкнуть, и ощущение того, насколько мне это удалось, – это и есть мое «я».

Мы не в состоянии заставить нашего осла, нашу эгоистическую сущность, взбираться по ступеням лестницы нашего духовного подъема. У нас нет на это сил. Для того чтобы мы могли совершить это восхождение, Творец (ведь Он сам запланировал наш подъем) посылает нам в помощь погонщика ослов – особую силу, ангела, который понукает нашего осла и заодно навьючивает на него поклажу, чтобы он сделал по дороге какую-то полезную работу.

Таким образом мы поднимаемся со ступени на ступень.

В чем заключается методика этого подъема в нашем мире?

Мы рождаемся и развиваемся в желании получать ради получения, и в этом все мы, люди, равны. Все мы желаем только получать ради себя, или отдавать ради себя, что, в принципе, одно и то же. Получение или отдача на этом этапе зависят от того, насколько человек коварен, насколько он понимает, что иногда лучше и отдать, зато потом больше получить. Такая отдача – то же получение, только еще более эгоистическое и, кроме того, более вредное, потому что уводит человека от цели. «Я полезный, я исправленный, я отдаю другим», – начинает думать о себе человек, даже не подозревая, что всё это делает ради получения.

Но затем, постепенно, приходит понимание истинного положения вещей. Происходит это в определенной группе, с определенными людьми, которые пытаются быть связанными между собой действиями отдачи. Приходит понимание того, что все действия человека, хотя они и выглядят альтруистическими, по сути своей являются эгоистическими, и одновременно с этим он начинает понимать, что – самостоятельно – не в состоянии ничего изменить.

В человеке возникает настоятельное желание изменить свое намерение «ради получения» на намерение «ради отдачи». Теперь намерение изменить проще, потому что само действие у него – это действие отдачи.

Состояние «отдача ради получения» у человека, находящегося в каббалистической группе, – это, своего рода, переходный процесс, когда он – с помощью Высшего света – меняет эгоистическую направленность своего развития на альтруистическую. Следующее его состояние – «отдача ради отдачи» – является уже духовной ступенью, свойством Бины.

Ну, а затем, поскольку у человека уже существует намерение «ради отдачи», он может подняться на следующую ступень – «получение ради отдачи».

Таким образом, мы видим, что между предыдущей и последующей ступенями всегда должен находиться сопрягающий их элемент:

– между первой и второй – это намерение «ради получения»;

– между второй и третьей – действие отдачи;

– между третьей и четвертой – намерение «ради отдачи».

Вот так, как бы шагая (левая нога вперед, правая на месте, затем правая нога вперед,

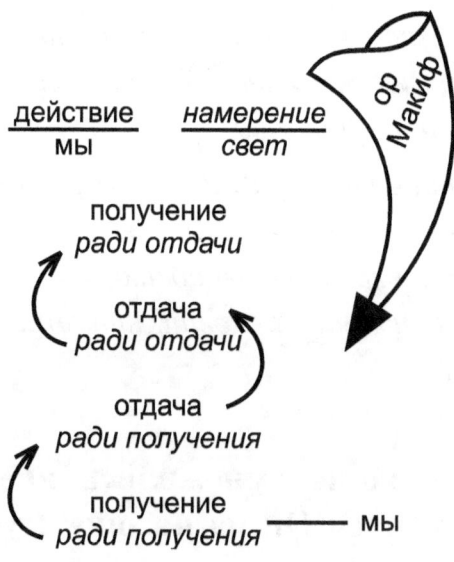

левая на месте), мы поднимаемся по этим ступеням – от нашей ступени, где мы сегодня с вами абсолютные эгоисты, до ступени полного исправления. В этом пути нам помогает Высший свет, ор Макиф, который является к нам в виде погонщика ослов.

Помощь в духовном продвижении необходима всем и каждому. Мы взаимосвязаны, мы находимся в общей системе, это не зависит от нас, и поэтому каждый из нас может помочь другому.

Нечего отдавать? – Такого быть не может, всегда можно «отдать» человеку доброе отношение. Если мы уже находимся в одной связке, и если это движение к одной цели, то человек не может испытывать усталости от отдачи.

При правильном духовном действии ты находишься в постоянной связи с Творцом, получаешь огромную энергию, включаешься в вечное движение энергии, информации, наполнения.

97. Но когда умножились прегрешения, спустился Он на низшие ступени и убил льва, потому что не желал дать ему жертву, как вначале. Определяется это – будто убил его. Поэтому он ударил льва,

сбросил его в яму – согласно своему пониманию, в плохую сторону. Увидела это плохая сторона и послала одну собаку пожирать жертвы с жертвенника, вместо льва. А как имя того льва? А как кличка той собаки? Баладан зовут ее, потому что слово «баладан» состоит из слов «бал» и «адам», где в слове «адам» буква «мэм» заменяется на букву «нун». Ведь, вообще-то, он не человек, а собака, и лицо его, как морда собаки.

Но когда умножаются прегрешения, спускается Он на низшие ступени, убивает льва.

Как ни странно, лев, царь зверей, такой грозный, властный, сильный, – символизирует свойство отдачи. Поэтому, когда виден над человеком образ льва (лев, кстати говоря, является символом Иерусалима), то это считается благим знаком. А если над человеком «возникает» морда собаки, **Баладан зовут ее**, то это говорит о его ужасающих свойствах.

«Баладан» – от слов «бал» и «адам», то есть это человек с мордой собаки. А о нашем поколении сказано: «пней а-дор ки пней а-келев» – лицо поколения, как морда собаки. Мы видим, насколько древние мудрецы уже всё заранее знали.

98. В день снегов, день прихода несчастий свыше, из высшего суда, сказано: «не боится дом ее снега», – то есть высшего суда, называемого «снег», потому что весь дом ее в двойных одеяниях и потому может вынести сильный огонь. Так говорит книга.

В день снегов, день прихода несчастий свыше…

Снег является свойством «дин» – свойством ограничения, суда, когда все замерзает, все ограничивается, когда меньше тепла, меньше света.

Это **день прихода несчастий свыше, из высшего суда.** Поэтому **сказано** о душе человека: **«Не боится дом ее** – Малхут, вместилище всех душ **– снега», – то есть высшего суда**, потому что весь этот **дом в двойных одеяниях и может вынести** самый **сильный огонь** и самый сильный холод.

«Двойное одеяние», то есть одеяния на эгоистическую Малхут, – это две ступени: «отдача ради отдачи» и «получение ради отдачи». Эти ступени называются «лишма» (альтруистическое постижение духовного).

Ступень «отдача ради получения» называется «ло лишма» (эгоистическое постижение духовного). Она является промежуточной, потому что действие все-таки направлено на отдачу. Допустим, когда мы с вами работаем в группе, то это действие является у нас входом в Высший мир.

Между этими двумя действиями находится махсом – переход из ощущений нашего мира в Высший мир.

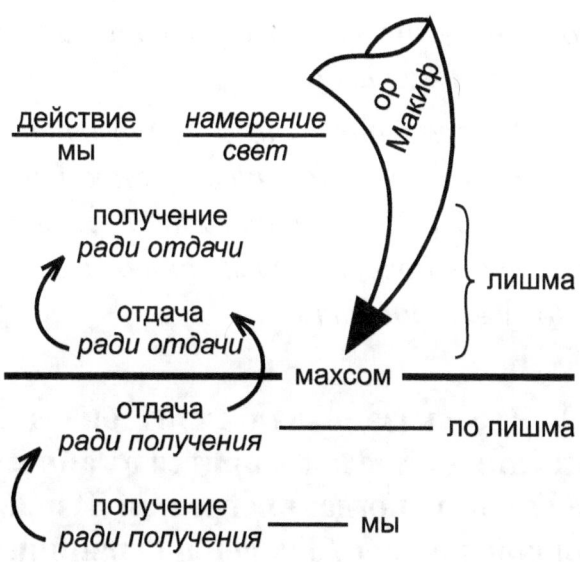

Человек хочет ощутить духовный мир,

получить духовную жизнь, ощущение истинной реальности, увидеть, что его жизнь не пропадает зря. Ведь она уходит, и кто знает, сколько ему осталось. Он не хочет закончить ее бессмысленно.

Человек изначально не может думать ни о чем, кроме своей выгоды. Поэтому, если он не будет эгоистически желать духовного, представляя его благо, то никогда к нему не обратится, и поэтому духовный путь начинается эгоистическим постижением – ло лишма, а затем, под влиянием Высшего света, ор Макиф, эгоистическое отношение к духовному сменяется альтруистическим – лишма.

Мы думаем, что лишма – это очень высокое состояние, а ло лишма – так, что-то несерьезное. Но это неправильно – ло лишма тоже очень большое состояние, и дай Бог каждому его достичь.

99. Что сказано далее: «И он ударил египтянина». Здесь говорится о тайне, что каждый раз, когда прегрешал Израиль, скрывался от него Творец и ограничивал в получении всего хорошего, всего света, которым светил ему. «Он ударил египтянина». «Он» – это Моше, свет, светящий

Израилю. Потому что в Египте родился, вырос и достиг Высшего света.

Каким образом мы двигаемся вперед?

Прежде всего, надо понимать, что все происшедшее с нами было необходимо, обязано было произойти.

Итак, «преумножились прегрешения», – то есть человек становится все большим эгоистом, и, как символ этого, зев льва меняется на морду собаки. Затем приходят свойства ограничения – «снег», «сковывание», и хотя у Малхут существует двойная защита, но они проникают сквозь нее и скрываются внутри Малхут.

И далее происходит следующее: **«Он**, Моше, **ударил египтянина»**.

Моше был приемным сыном дочери фараона. До сорока лет он жил во дворце фараона, получил соответствующее его сану воспитание и образование, и поэтому был всесторонне развитым человеком. Вообще, Египет в то время был центром мира.

В своем духовном постижении Моше пошел, практически, по тому же пути, что и Авраам, и на определенном этапе раскрыл Творца. Естественно, в нем произошли огромные внутренние изменения, и в результате он «убил египтянина», то есть убил в себе египетского принца, которого взрастили, воспитали в нем за сорок лет жизни в царском дворце.

Моше покидает Египет и последующие сорок лет живет в стране Мидьян. Там он женится на Ципоре, дочери верховного жреца, знакомится с государственным устройством, обычаями, религией, и постепенно становится великим, уважаемым человеком. А затем он получает «знак свыше» и возвращается в Египет, чтобы предстать перед фараоном.

Это внешняя канва повествования.

В действительности речь идет о свете, с которым взаимодействуют все, кто хочет выйти из своего эгоизма, и который вытаскивает их из него. Этот свет называется «Моше» (от слова «лимшох» – вытаскивать). Кстати говоря, это имя дала ему Батья, дочь фараона, которая вытащила его из вод Нила.

Он, то есть Моше, – свет, светящий всему Израилю, и называется этот свет «египтянин», **потому что** Моше **родился и вырос в Египте**, и там **удостоился Высшего света**, принесшего освобождение Израилю от Египта.

100. Человек зеркала. Как сказано: «Зеркало и человек». Как сказано: «Божий человек, супруг этого зеркала, величия Творца, Малхут». Потому что удостоился управлять этой ступенью – всей землей во всем своем желании, чего не достиг никто другой.

Ступень, называемая «Моше», означает, что человек, находящийся на ней, начинает обладать свойствами, подобными свойствам Творца.

Поэтому **сказано** о Моше: «**Божий человек, муж Малхут,** называемый **величием Творца**». Почему Моше определяется как **супруг Малхут** – потому что достиг уровня Зеир Анпин и дает свет Малхут.

То есть, сфира Кетер через все ступени, через все свойства, проходит до Малхут и начинает отражаться в ней, как в зеркале. Поэтому человек, который включается в Малхут, представляет собой отображение образа, то есть свойств Творца, и поэтому называется «Адам» (от слова «домэ») – подобный Творцу.

Итак, мы видим, как постепенно, по этим ступеням, происходит духовное рождение человека.

101. Это посох Творца, переданный ему, как сказано: «Посох Творца в руке моей». Это посох, сотворенный вечером, в шестой день творения, перед субботой. И в нем святое имя Его. И этим посохом прегрешил Моше, дважды ударив скалу. Сказал ему Творец: «Моше, не для этого вручил тебе Я посох мой, и посему не будет он более у тебя».

«Посох» – это перевод слова «матэ». Оно, как и все слова, употребляемые в каббале, имеет одновременно несколько значений. «Матэ» от слова «литот» – «ошибаться», «матэ» от слова «леотот» – «указывать, как жезлом», «матэ» от слова «мата» – «вниз», и еще много других.

Причина в том, что в каждом слове есть корень, называемый «байт» (дом), который состоит из двух, трех или из четырех букв. Если мы смотрим в корень слова, то видим его основное, духовное, значение, из которого потом проявляются в нашем мире различные, возможно, и противоположные друг другу, свойства. И зависит от человека, какое свойство, какое действие он извлечет, каким образом его использует.

Мы знаем, что этот посох постоянно сопровождал Моше. С одной стороны, посох поддерживал Моше, когда он стоял перед фараоном, с помощью посоха Моше поднялся до свойства полной отдачи, до уровня Бины; с другой стороны, когда Моше бросал этот посох на землю, то он обращался в змея – самое концентрированное воплощение нашего эгоизма, зла.

Таким образом, мы видим, что, правильно используя посох, дарованный Творцом, человек способен управлять змеем и подняться до самого высокого, предначертанного ему состояния.

Это посох Творца**, сотворенный вечером, в шестой день, перед субботой.**

Свойство, именуемое «посох», было создано вечером, накануне первой субботы мира. Оно было создано только после того, как появились в мире абсолютно все свойства, абсолютно все действия, – то есть абсолютно всё, что только должно быть, и осталось создать лишь человека. Так вот, для того чтобы создать человека, который мог бы в своем развитии подняться до уровня Творца, для этого и создается посох.

И этим посохом, на определенном этапе пребывания в пустыне, **прегрешил Моше**.

Было сказано ему: «Ударишь в скалу, и вытечет из нее вода». Моше ударил дважды, и посох у него был отобран.

Произошло это, конечно, не случайно. Дальнейшее продвижение Моше должен осуществлять самостоятельно, должен стать «кузнецом своего счастья».

102. Немедленно спустился к нему в строгости и забрал посох из руки египтянина, потому что в то мгновение, когда был отнят у него посох, отнят навсегда. И убит им, вследствие прегрешения – удара в скалу тем посохом. Умер он и не вошел в святую землю. А свет тот скрыт от Израиля.

Моше, как написано в Торе, вернулся в Египет, увел свой народ, сорок лет странствовал с ним по пустыне, в начале странствий поднялся на гору Синай, и умер за рекой Иордан, не получив разрешения войти в Землю Израиля.

За этим историческим повествованием – со всеми его героями, за их судьбами, за описанием их каждодневного быта – стоит напряженная, многотрудная внутренняя работа человека по своему исправлению. Моше «вышел из Египта», взяв с собой весь свой эгоизм, все свои желания, прошел через все проблемы, которые должен был пройти, чтобы исправить их, и, в итоге, поднял на уровень «отдача ради отдачи».

Моше – это сила, которая поднимает все желания человека с Малхут до Бины, до входа в Эрец Исраэль, в Землю Израиля. Дальнейшее исправление, подъем на уровень «получение ради отдачи», происходит уже без Моше.

Моше помогает нам пройти определенный этап в нашем духовном развитии. Наши свойства ниже махсома – это наш Египет; свойство «отдача ради отдачи» – наша пустыня, и Моше должен провести нас через нее. Ведь, что значит «вытаскивать из Египта»? Это не только под покровом ночи удрать из него – удрав из него, мы должны забыть о нем, духовно оторваться от него. Поэтому говорится, что до тех пор, пока не умерли все, жившие в Египте, не смогли беглецы войти в Землю Израиля. То есть, пока на смену нашим эгоистическим желаниям не придут альтруистические, мы не сможем начать следующий этап нашего развития.

Это этап, через который Моше должен провести все эти желания, чтобы полностью, окончательно вытащить их из Египта. Происходит это постепенно, по мере прохождения четырех стадий, каждая из которых – это десять сфирот. Отсюда – сорок лет хождения по пустыне.

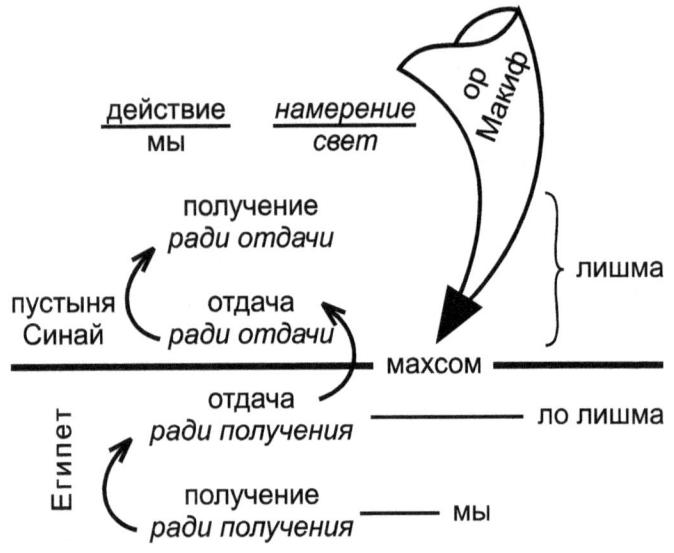

Единственное, что нам надо сделать, чтобы войти в духовный мир, – это соединиться. Но сначала надо раскрыть свою ненависть, и это не материальное чувство, когда мы просто не любим друг друга, когда я оправдываю себя, свое отношение к другому.

Здесь же раскрывается ненависть, которую я не хочу чувствовать, не могу терпеть, – ведь я хочу любить другого вместе со всеми его недостатками, со всей его ненавистью ко мне. И тогда именно я раскрываю, что ничего не выходит, – я внутри ненависти к другим, ненавидя его, ненавижу себя! Эта ненависть называется горой Синай, и это наша внутренняя основа.

Нужен очень большой свет, чтобы ее раскрыть. Все делает свет. Человек может быть самым большим праведником, высоко поднявшимся по ступеням миров, но если свет перестанет на него действовать, он тут же упадет в свой первородный эгоизм. Нет иных альтернатив – либо нами правит наша эгоистическая природа, либо свет.

104. Несмотря на то, что не вошел в их счет, услышал Давид этот смысл, что не отделяется от сердца никогда, потому что нет им разделения никогда. Давид обратил на это внимание всем своим сердцем, а он не обратил внимания на Давида. Потому что восхваления и песни милосердия, которые луна посвящает солнцу, – этим она притягивает к себе, чтобы быть вместе с солнцем.

Если мы расположим все свойства согласно их духовной иерархии, то они выстроятся следующим образом: Авраам, Ицхак, Яаков,

Моше, Аарон, Йосэф и Давид. Давид – это олицетворение Малхут (от слова «мелех» – царь). Отсюда выражение Давид а-мелех – царь Давид.

Царствование Давида в Израиле – это сорок лет непрерывных войн, завоевание огромных территорий. Ну, и традиционный вопрос: «Что воплощают собой эти завоевания»?

Сорок лет – это те же сорокалетние периоды жизни Моше (Египет, страна Мидьян, странствования в пустыне) – это «расстояние» от Малхут до Бины. Не надо только делать прямых ассоциаций – в духовном ни расстояний, ни времени нет.

Перед Моше была поставлена задача: все намерения ради получения перевести в намерения ради отдачи, в свойство Бины. Он выполнил эту задачу за время странствий по пустыне, и царствование Давида началось на уровне «отдача ради отдачи».

Давид должен поднять наши желания, Малхут, на следующую ступень – «получение ради отдачи». Намерение уже исправлено, и ему остается только от действия «отдавать» перейти к действию «получать». Поэтому сорок лет в нашем мире он завоевывал земли. Земля – эрэц, от слова «рацон» – желание.

Малхут достигает полного исправления, и поэтому свет, который приходит с этой ступени и избавляет нас, называется «Машиах бен Давид» – «Машиах сын Давида».

Все это рассказал нашим путникам погонщик ослов, и таким образом выяснилось, что он является посланцем Высшего света, а его, такое странное, имя – Бенияу бен Яуяда, то есть «Сын знающего все тайны», указывает на парцуф Атик мира Ацилут, из которого, практически, никакого света не нисходит.

105. Упали пред ним рабби Эльазар и рабби Аба на лица свои и более не видели его, встали, пошли во все стороны и не видели его. Сидели, плакали и не могли даже говорить друг с другом. Затем сказал рабби Аба: «Верно учили мы, что на всех путях праведников Тора с ними – являются к ним праведники из того мира, чтобы раскрыть им тайны Торы. Это, верно, рав Амнон Саба явился к нам из того мира, раскрыть нам эти тайны. Но прежде чем успели мы узнать его, исчез он». Встали и хотели вести своих ослов, но не могли.

Снова и снова понукали ослов, но не могли идти. Возбоялись и оставили своих ослов. До сего дня зовется то место – «Место ослов».

Упали пред ним рабби Эльазар и рабби Аба на лица свои и не могли **более** видеть **его**...

Мы, естественно, говорим не о человеке в нашем мире, который шел, споткнулся и упал лицом вниз.

Погонщик немного раскрыл им свет, который является его сутью. Но поскольку даже этот свет оказался для них слишком ярок, они «упали на свои лица», то есть закрыли место получения света.

...встали и **пошли** в другую **сторону**, чтобы **не видеть его** (настолько этот свет был им невыносим).

Затем сели и **плакали** (разновидность малого состояния – ощущение своего бессилия в связи с тем, что нет у них экрана, который бы позволил им вобрать этот огромный свет), и не могли даже говорить друг с другом.

Сказал далее **рабби Аба: «Верно учили мы, что на всех путях праведников Тора с ними – являются к ним праведники из**

того мира, чтобы раскрыть им тайны Торы.** И рабби **Амнон Саба** (представляя буквы Творцу, он объясняет нам всю методику восхождения) так же **явился к нам...»**

Встали и хотели вести своих ослов, но не могли. Снова и снова понукали ослов (то есть свои желания, свой материал), **но не могли идти. Возбоялись и оставили своих ослов** на том месте. **До сего дня зовется то место – «Место ослов».**

Вместе с рабби Эльазаром и рабби Аба мы прошли определенный этап их духовного восхождения.

Напомним, что оба они из числа десяти мудрецов, написавших книгу «Зоар». Они являются олицетворением десяти основополагающих сфирот, из которых состоит все Мироздание. Мы являемся их частью. Эти десять великих душ, которые две тысячи лет назад писали книгу «Зоар», – писали ее специально для нас, для нашего поколения, и поэтому именно теперь она раскрылась.

Как и каждый из членов этой группы, и рабби Эльазар, и рабби Аба выполняют свои особые функции в ней, обладают присущими только им свойствами.

Рабби Эльазар (он достиг самого высокого, после Моше, духовного уровня) говорит только о нашем времени – о времени полного исправления, в то время как все остальные говорят о самом процессе исправления.

Рабби Аба (именно он записывал все сказанное) обладал особым свойством – он мог писать таким образом, чтобы написанное было понятно человеку только в мере его правильных намерений.

Сейчас в нас с бесконечной скоростью сменяются информационные гены (решимо), но их так много, и все они должны реализоваться по цепочке, поэтому кажется, будто ничего не меняется.

Но пока эти внутренние изменения вызывают внешнее изменение – как на счетчике вдруг перескакивает цифра – внутри должны прокрутиться миллиарды действий. Так дай им время пройти.

Сказано: «Ищущие Творца ускоряют время». Все наше участие в творении сводится к ускорению нашего развития.

Ведь ты находишься внизу, в этом мире, с данными, полученными при нисхождении сверху вниз. Ты обязан подняться по тому же пути снизу вверх. Путь неизменен. Можно только ускорить свое развитие, сделать путь быстрым, желанным, а потому приятным.

В этом все отличие между путем страданий, поневоле, и путем света, желанием.

Путь страданий – путь долгий. На нас воздействуют силы природы, чтобы ударами продвинуть нас вперед, а мы, словно ослы, стоим и не хотим двигаться с места. Таков естественный путь развития.

А второй путь – это твое желание продвинуться, твой, личный поиск путей продвижения. Тогда ты укорачиваешь свой путь и делаешь его желанным, то есть он становится комфортным, приятным, а также быстрым.

Погонщика уже нет, и говорят они как бы о другом, но на самом деле все происходит под действием той силы, которую сообщил им этот погонщик.

106. Открыл рабби Эльазар и сказал: «Как велико благо Твое, которое хранишь Ты для боящихся Тебя! Как бесконечно хорошо то, что Творец даст

людям в будущем, тем высшим праведникам, боящимся прегрешения, занимающимся Торой, когда они явятся в тот, Высший мир».

Мы не будем углубляться в механику того, о чем здесь говорится, то есть «переводить» с литературного, образного языка на технический: ГАР, ВАК, Бина и так далее. Естественно, что все это внутри есть.

Давайте вкратце.

Открыл рабби Эльазар – то есть открыл путь Высшему свету, **и сказал** – то есть раскрыл то, что получил от Высшего света.

«Как велико благо Твое, которое хранишь Ты для боящихся Тебя!

Говорится о человеке, находящемся на ступени боязни, трепета, – это «отдача ради отдачи». «Отдача ради отдачи» – это странствия человека в пустыне, во время которых он подготавливает свою душу для наполнения светом, хранящимся пока у Творца. Этот свет, это великое благо, человек получает, поднявшись на следующую ступень – «получение ради отдачи».

Как бесконечно хорошо то, что Творец даст людям в будущем, – то есть когда из состояния «отдачи ради отдачи» поднимется душа человека в «получение ради отдачи»;

тем высшим праведникам, – человек, поднявшийся на ступень «отдача ради отдачи», называется «праведник», а на ступени «получение ради отдачи» он называется «полный абсолютный праведник», или «высший праведник»;

занимающимся Торой, когда они являются в тот, Высший мир».

Они полностью отработали на себе Тору, то есть Высший свет (ор Макиф), и в результате он поднял их со ступени «отдача ради отдачи» на ступень «получение ради отдачи».

«Тора» – это и «свет», и «инструкция». То есть мы получаем инструкцию буквально на каждый шаг нашего продвижения, знаем, какие свойства в себе изменить, что переключать, что смешивать, каким образом ориентироваться. Человек имеет возможность совершенно осознанно взвешивать и себя, и свои поступки, и действовать в полном согласии с Творцом, как Его полноправный партнер.

Есть возвышенная цель, не воспринимаемая в наших эгоистических ощущениях, в стремлении «всё в себя». Выход «из себя», забота о «вне меня», называется «духовный трепет» (ират а-Шем).

Сейчас я в тревоге, как наполнить и уберечь себя. Это называется «трепет о себе». Подсознательно мы постоянно озабочены привлечением полезного и отдалением вредного для себя, для своего эгоизма.

Духовный трепет означает, что прежде всего я тревожусь о том, что находится вне меня, забочусь о других, как мать о маленьком ребенке, когда все ее мысли в нем и о нем.

В этом трепете, в заботе о ближнем – вне себя, вне своего эгоизма – я ощущаю высшую реальность.

107. **Еще можно объяснить название «Великое благо» – что в нем находятся все тайны высшей мудрости, которые нисходят от Зеир Анпина в Малхут. Есть большое древо, называемое Зеир Анпин, называемое рав – большой, сильный; а есть маленькое древо, растущее из него, – Малхут. И возносит его до высшего небосвода.**

Еще можно объяснить название «Великое благо» – что в нем находятся все тайны высшей мудрости, потому что они **нисходят** от Арих Анпина через **Зеир Анпин в Малхут.**

Ну, мы с вами знаем, что мир Ацилут – это: Атик, Арих Анпин, Аба ве-Има, Зеир Анпин и Малхут. Малхут – это та ступень, куда мы поднимаемся со своими желаниями, со своими испорченными душами, и вынуждаем Зеир Анпин дать Малхут немного света. Если Зеир Анпин дает Малхут свет, то души могут подняться через все эти ступени **до высшего небосвода** – это Атик.

108. Великое благо – это свет, созданный в первый день творения и скрытый, для раскрытия в будущем праведникам в том мире. Действия Твои – это высший райский сад, созданный действием Творца.

Великое благо – это свет, созданный в первый день творения, «в котором видел Адам от края мира и до края», **и скрытый, для раскрытия в будущем праведникам в том мире,** то есть на той ступени, которой мы достигнем, – в мире Бесконечности. **Действия Твои – это высший райский сад,**

это Малхут, которая достигла уровня Бины, **созданный действием Творца.**

Мы неоднократно прорабатывали эту схему:

— мы с вами, наши души, из нашего мира поднимаемся в Малхут;

— Малхут должна подняться в Бину, и она делает это с помощью Зеир Анпина, который присутствует здесь, как вспомогательный элемент; это сорок лет странствий в пустыне;

— затем из Бины Малхут должна подняться в Кетер, и она делает это с помощью Хохма (тоже вспомогательный элемент); это сорок лет завоевания земли Израиля.

Конец действия – в начальном замысле. Ведь все вращается от Бины к Кетеру и от Кетера к Бине. А мы, находясь в Малхут, не видим из нее ни причин совершаемых действий, приходящих от Бины, ни исходящей от Кетера цели, к которой все это должно нас привести. Ведь мы противоположны им нашими свойствами.

Пока Малхут не приобретет свойства Бины, она не может понять Кетер, высшее управление.

109. Нижний райский сад – в нем стоят все праведники, одетые в драгоценные украшения, подобные по свойству и виду тем украшениям, в которых они были в этом мире, что называется, в том же виде, как люди в этом мире, согласно действию человека в этом мире. Стоят там и улетают по воздуху оттуда, поднимаются на собрание в высший райский сад, летают там, омываются в росе чистой реки Афарсэмон, нисходят и парят внизу, в нижнем райском саду.

Нижний райский сад – в нем стоят все праведники – то есть души, поднявшиеся в Малхут и преисполненные желанием продолжить подъем от Малхут до Кетера,

одетые в драгоценные украшения – «одеяния» рассмотрим подробнее.

Есть кли – желание насладиться, и экран – сила противодействия этому наслаждению.

Наслаждение, то есть Высший свет, который желает проникнуть в кли, – называется ор Яшар (прямой свет). Отказ от получения – это отражение света с помощью экрана, то есть с помощью намерения принять это наслаждение только ради Творца. В результате образуется ор Хозер (отраженный свет).

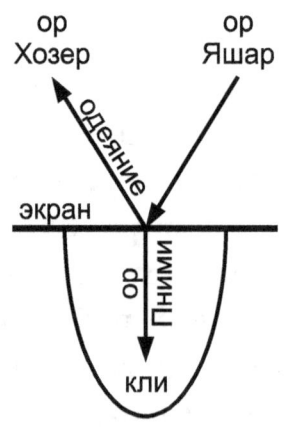

Затем кли производит расчет: «Сколько света можно получить, чтобы этим доставить наслаждение Творцу», то есть как бы одевает наслаждение в намерение отдачи, облачает прямой свет в отраженный. Поэтому ор Хозер называется одеянием, а свет, принятый внутрь кли, называется ор Пними – внутренним светом.

Таким образом, ор Пними – это ор Яшар, «одетый» в ор Хозер, в «драгоценное одеяние», которое обретается именно сорокалетним путешествием в пустыне.

Стоят там (эти души) **и улетают по воздуху оттуда,**

Что значит «по воздуху»?

На иврите есть слово «אור» (ор) – «свет», и слово «אויר» (авир) – «воздух». Разница в написании между ними только в букве «йуд», присутствующей в слове «авир». Буквы, как мы уже знаем, воплощают в себе и духовные действия, и духовные объекты.

Когда Малхут поднимается в Бину, она вносит в Бину свое «я» – букву «йуд», и «ор» обращается в «авир», свет – в воздух.

Бина – это небо, Малхут – земля, поэтому между небом и землей есть воздух. А когда Малхут нисходит с Бины, то «авир» обращается в «ор», воздух – в свет.

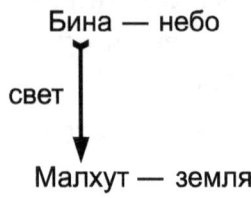

Таким образом, буква «йуд» олицетворяет собой как саму Малхут, так и подъем Малхут в Бину, и выход из нее.

поднимаются на собрание в высший райский сад,

Высший райский сад – это Бина, куда, на более высший уровень, постепенно перемещаются все души из нижнего райского сада, то есть из Малхут.

летают там – пока еще находятся в воздухе, поднимаясь из Малхут в Бину,

омываются в росе чистой реки Афарсэмон,

Абсолютно чистый, ничем не ограниченный свет Хохма, который нисходит из Кетера в Бину, – это и есть «роса чистой реки Афарсэмон».

нисходят и парят внизу души, **в нижнем райском саду.**

Затем души спускаются в Малхут.

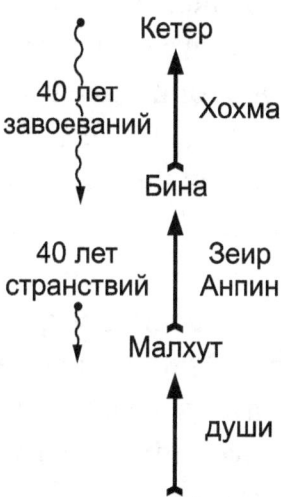

Все зависит от того, как мы с вами будем описывать одно и то же явление: или относительно нас, как потребителей в нашем желании, или как исследователей нашего желания.

Предположим, мы с вами говорим о музыке. С точки зрения специалиста, можно говорить о технике исполнения, о частотных характеристиках музыкального инструмента, об акустике зала и так далее, и так далее. С точки зрения слушателя, я могу говорить только лишь об одном – о чарующих звуках музыки.

То же самое и здесь.

Как исследователи, мы градуируем наше желание, взвешиваем его, переводим в физико-математические величины, и так далее. Поэтому в книге «Учение Десяти сфирот» весь этот раздел описывается, как механический процесс, как подъем и спуск экранов, взаимодействие парцуфим, их деталировка на элементы: ГАР, ЗАТ, и так далее.

А смотрите, каким литературным языком, какими красивыми, чувственными сравнениями все это описывается в «Зоаре»: «души, парящие в воздухе»; «роса чистейшей реки»; «высший райский сад»…

Тут, конечно, полету нашей фантазии нет предела.

110. А иногда эти праведники являются в облике обычных людей, чтобы творить чудеса, как высшие ангелы, как мы только видели сияние Высшего света, но не удостоились увидеть и узнать больших тайн мудрости.

А иногда эти праведники – говорят эти двое мудрецов – показываются как люди, **чтобы** делать **чудеса, как высшие ангелы, как мы только** что **видели сияние Высшего света**…

Говорится о душах из нижнего райского сада, которые, хотя и могут подниматься в высший райский сад, но не могут оставаться там надолго и спускаются вниз, на свое постоянное место. Все же эти души подобны тем душам из высшего райского сада, которые изредка нисходят в наш мир, – как, например, рабби Амнон Саба раскрылся нашим путникам во время их жизни в этом мире.

Но не удостоились увидеть и узнать больших тайн мудрости, потому что покинул их погонщик ослов.

Поэтому они сидели и плакали.

111. Открыл рабби Аба и сказал: «И сказал покойник жене: "Умрем мы, потому как Творца я видел". Хотя и не знал, что сделал, как сказано: "Не знал он, что ангел это". Но поскольку сказано: "Не может увидеть Меня человек и остаться в живых", видим мы, что, вот, умер он. А мы удостоились, что этот великий светоч шел с нами, и существует мир, потому что сам Творец послал его нам, открыть нам тайны высшей мудрости своей. Как счастливы мы!»

Открыл рабби Аба и сказал: «И сказал покойник жене: "Умрем мы, потому как Творца я видел".

Жена – это желание в человеке, его женская часть.

Умрем мы – опустошается желание, свет Хохма, полученный при раскрытии рабби Амнона Саба, должен выйти из него.

Почему это должно произойти?

Хотя, казалось бы, и невольно получен свет – «не знал он, что ангел это», но поскольку сказано: «не может увидеть Меня человек и остаться в живых», свет покидает желание, а это и значит, что оно «умирает».

А мы удостоились этого великого света и узнали, что **существует мир, потому что сам Творец послал его нам, открыл нам тайны высшей мудрости своей. Как счастливы мы!»**

«Мы умрем, – говорит он своей жене, этому своему желанию, – то есть мы должны избавиться от своего состояния на следующей ступени, спуститься вниз, но мы, всё же, увидели то, что Творец уготовил высшим праведникам, и поэтому – как счастливы мы!»

Невозможно перейти в следующее состояние, если не закончил выяснять предыдущее. Нужно досконально выяснить состояние, в котором ты находишься, и в тот миг, когда ты заканчиваешь этот анализ, состояние сменяется. Мы не можем принудительно менять свои состояния – каждое состояние существует до того момента, пока ты не почувствуешь, что не способен больше в нем оставаться и должен продвинуться. Так идет материальное, эволюционное развитие, и точно так же – духовное.

Когда мы начинаем ненавидеть свое состояние и не в силах больше его терпеть, тогда это отношение заставляет нас из него выйти. Ведь ненависть означает отдаление в духовном, и поэтому мы попадаем в новое состояние. Но здесь важно правильное выяснение, чтобы не получилось, что «глупец сидит сложив руки и грызет самого себя».

Нужно использовать все, данные нам средства: учебу, группу, распространение, – а не какие-то другие эфемерные возможности, которые тоже кажутся нам реальными. Если ты действуешь для того, чтобы соединиться с товарищами и раскрыть между вами отдачу, взаимное поручительство, и внутри него раскрыть общую силу отдачи –

Творца, то это правильное направление работы. А если ты распыляешься на еще тысячу разных направлений и действий, ты только растрачиваешь силы и, в итоге, сходишь с тех рельсов, по которым идет твое развитие.

Погонщик ослов (окончание; п.п. 112-119)

Мы видим, как «Зоар» объясняет путь праведников – тех, кто, пройдя махсом, начинают подниматься по ступеням духовной лестницы. Этот путь описывается и языком сказаний, и языком юридических законов, и языком исторических свидетельств, и так далее.

«Зоар» – как путеводитель для тех, кто окажется на месте путников в духовном мире, – развертывает яркую, многообразную картину их захватывающего путеше-

ствия. *Вы увидите, что подразумевается под понятиями «гора», «дерево», «голос» и прочее. «Зоар» не позволит вам «сбиться с пути истинного».*

Невозможно более подробно описать состояния парцуфим, то есть внутренних ощущений, поднимающегося духовно человека, потому что для этого у читателя должны быть определенные адекватные личные ощущения. Если бы хоть раз увидеть, что означает описанное, или что-то подобное ему, то далее уже можно вполне четко представлять, о чем идет речь, как это и происходит в нашем мире. Хотя мы и не были, например, в какой-то стране, но можем себе представить, о чем нам рассказывают, по аналогии с известным нам.

Но здесь никакого подобия нет. Впервые увидевший духовный мир понимает, как он ошибался во всех своих прошлых представлениях! Поэтому о многих состояниях, описываемых «Зоар», мы не можем говорить.

Наши путники – рабби Эльазар и рабби Аба – это свойства нашей души, которые проявляются в нас при подъеме на ту духовную ступень, на которую поднялись великие каббалисты – рабби Эльазар и рабби Аба.

Они, как первопроходцы, описали все рытвины и ухабы на своем пути, все спуски и подъемы, предупредили о коварных развилках, где можно сбиться с магистрального направления. Короче говоря, они составили для нас маршрутную карту, руководствуясь которой, нам значительно легче пройти этот путь.

Для нас эти персонажи книги «Зоар» – это те силы, которые мы в себе обнаруживаем, а книга рассказывает нам, как мы должны взаимодействовать с ними.

Представьте себе, что вы находитесь, допустим, в состоянии внутреннего смятения, недовольства собой и окружающими... Вы открываете книжечку, и в ней на одной страничке (а может, и меньше) объясняется, почему вы пришли к этому состоянию, и что надо сделать, исходя из него. В итоге вы видите, что это, якобы отвратительное, состояние, было для вашей пользы – для того, чтобы вы открыли книгу «Зоар» и поднялись на следующую ступень.

Вот так, в принципе, мы работаем.

112. Шли и пришли к горе. Село солнце. Начали стучать друг о друга ветви дерева, что на горе той, и воспевать. Еще в дороге услышали сильный голос: «Сыны святого Творца, разбросанные посреди жизни в этом мире, их освещают сыны собрания, соберитесь в свои места и возвеселитесь с вашим Творцом в Торе». Испугались и остановились. Сели.

Шли и пришли к горе.

Естественно, что это не та гора, не та вершина, которую, во что бы то ни стало, стремятся покорить альпинисты.

Гора – «ар» (на иврите), от слова «ирурим» – сомнения. О чем это говорит?

За время занимательного путешествия (кстати, они продолжают его без погонщика) у наших путников постепенно скопились всевозможные сомнения, проблемы, и сейчас они предстают перед ними в виде огромной горы. То есть: «Идти дальше? – Но мы и так далеко оторвались от этого мира, от этой жизни. Нам надо как-то и за нее держаться... Так что же нам делать?»

«Кто достоин взойти на эту гору, гору Творца, и кто предстанет пред ликом Его, то есть раскроет Его? – задается вопросом царь

Давид в одном из своих псалмов, и сам же отвечает. – Тот, у кого чистые руки и горячее сердце...»

Село солнце. Начали сгущаться тучи. **Начали стучать друг о друга ветви дерева на** этой **горе, и воспевать.**

Деревья на этой горе обладают какими-то особыми страшными свойствами. То есть то, что вырастает из земли, развивается из неживого в растительный вид, имеет совершенно иную форму.

Услышали они **сильный голос: «Сыны Творца, разбросанные посреди** океана этого мира, вас **освещают сыны** великого **собрания. Соберитесь в** своем **месте и веселитесь** вместе **с Творцом в** высшем свете **Торы».**

«Раздаются голоса» – то есть возникает обратный свет, так называемый, ор Хозер, который проникает внутрь эгоистического кли и призывает, заставляет собраться всем вместе, в одно великое собрание, для того чтобы веселиться в свойстве отдачи с Творцом.

Испугались они, **остановились, сели.**

Это характеристики малого состояния (катнут). Состояние очень непростое, состояние, я бы сказал, очень настораживающее:

«А не лучше ли вернуться, отойти подальше от этой горы? Постоим, подождем…»

Очень знакомая ситуация. Помните, как народ кругами стоял вокруг горы Синай, ожидая возвращения Моше: те, кто похрабрее, стояли ближе, боящиеся, сомневающиеся – подальше.

То есть существует предел – и для каждого человека он свой – чем человек может пожертвовать, для того чтобы заслужить право подняться в духовный мир.

113. Тем временем вновь прозвучал голос: «Крепкие скалы, великие молоты громов, Бина стоит на столбе, войдите и соберитесь». Тем временем услышали сильный голос тысяч деревьев, говорящий: «Голос Творца сокрушает кедры». Упали на лица свои рабби Эльазар и рабби Аба. Напал на них сильный страх. Встали поспешно и ушли, не слышали более ничего, спустились с горы и пошли далее.

Тем временем вновь прозвучал голос: «Крепкие скалы, великие молоты громов,

Голос возвестил им, что они крепки, как скалы, и сильны, как громы, и так же, как они уже выстояли во всех испытаниях на своем пути, они, собравшись с силами, выстоят и впредь, вплоть до того, что разобьют все препятствия, как **великие молоты громов**, низвергающиеся с высот.

Бина стоит на столбе...»

«На столбе» – это на Зеир Анпине. Чем же «заслужил» Зеир Анпин такое сравнение?

Можно сказать, что Зеир Анпин – это шестигранная призма. Шесть граней этой призмы носят название ВАК (аббревиатура слов: «вав» – шесть, и «кцавот» – направления). Ничем не ограниченный свет Бесконечности проходит через призму, и на выходе мы получаем изображение нашего мира – в том виде, в котором мы его сейчас воспринимаем.

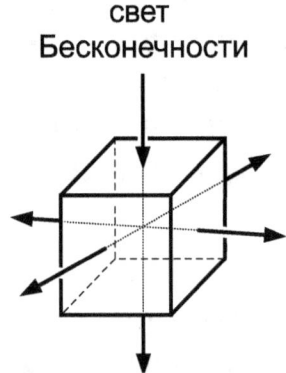

Если бы Зеир Анпин имел другую форму, то наш мир выглядел бы совершенно по-иному.

Кроме того, Зеир Анпин создает причинно-следственные связи в нашем мире, то есть существует «высший», от которого что-то исходит, и «низший», к которому это приходит. Кроме того, он строит нам ось времени – сейчас (1) и в следующее мгновение (2). Мы живем на этой оси, выйти из которой не в состоянии.

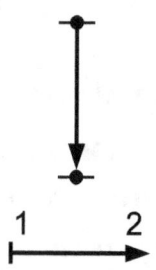

На самом деле ничего этого в Высшем мире нет. Там нет ни начала, ни конца, ни «исходящих», ни «входящих», нет, естественно, ни сторон, ни осей – ничего подобного нет.

Таким образом, Зеир Анпин превращает это абсолютно совершенное, вечное, неограниченное воздействие в нечто очень ограниченное, конкретное, структурированное – в ощущение нашего мира.

И услышали они сильный голос тысяч деревьев,

«Тысяч деревьев» – имеется в виду «животный» уровень, Хохма, потому что ее мощность – тысячи.

говорящий: «Голос Творца сокрушает кедры».

Голос Творца, сокрушающий кедры, извещает их, что все кедры – препятствия на их пути к духовному возвышению – убраны.

Упали на лица свои рабби Эльазар и рабби Аба.

Ну, мы уже знаем, что это значит.

Напал на них сильный страх. Встали поспешно и ушли, чтобы не слышать более ничего, спустились с горы и пошли дальше.

То есть, в принципе, они выполнили какую-то свою очередную задачу, совершили какое-то свое определенное исправление, но подниматься выше не смогли.

Возникает ряд вопросов: почему не пошли дальше в гору? почему должны были подчиниться своему страху? правильно ли они поступили?

Зеир Анпин – *это Творец относительно нас, потому что мы его можем понять, мы его можем ощутить, мы с ним можем контактировать. А вот с «настоящим» Творцом войти в контакт мы не в состоянии.*

Творец – Ацмуто (само по себе) – это некая суть, находящаяся за пределами мира Бесконечности. Он создал нас через систему постепенного нисхождения, сокращения, отдаления, скрытия. Поэтому у нас нет желания ощутить Его, как нет желания, допустим, у рыбы, иметь руки. Мы смотрим на рыбу: «Как это можно жить без рук?» А ей это не надо – она не чувствует недостатка в их отсутствии.

В силу того, что мы созданы системой ограничений, мы должны, мы обязаны существовать в каких-то границах времени, пространства, координат, причины, следствия. Без этого мы не воспринимаем окружающий мир. Если бы не было ограничений, мир был бы для нас совершенно непостигаем.

Именно потому, что Зеир Анпин создает все эти ограничения, он является для нас Творцом. В рамках этих ограничений нам видится наш мир. Если бы этих рамок не было, мы бы не ощущали ни себя, ни окружающего нас. Все познается только в ограничении. Наталкиваясь на что-то, я начинаю это ощущать, понимать, что оно существует. В противном случае вокруг меня ничего бы не существовало.

Я не знаю, существует ли что-то еще (кроме того, что я вижу) на пятиметровом пространстве между мной и телекамерой. Не знаю потому, что мне не заданы конечные ограничения.

Что происходит при изучении науки каббала? Мы вызываем на себя воздействие Высшего света. Свет создает ограничения, ставит перед нами барьеры. Преодолевая эти барьеры, мы поднимаемся со ступени на ступень и начинаем видеть то, что раньше не видели.

И теперь в пространстве между мной и телекамерой я начинаю видеть то, что раньше не видел. Я проходил сквозь огромное количество сил, образов, свойств, как нейтрино, которое проходит сквозь материю, совершенно этого не ощущая. Проходил потому, что в моем разуме не было никаких моделей того, что я могу увидеть. Я не вижу того, что существует вокруг меня, если у меня, во мне, нет этих моделей.

Каббала – наука получать – говорит о

возможности постижения дополнительного пространства. Каким образом? – Я должен развить в себе новые свойства. Эти свойства необходимы, для того чтобы ощутить то, чего я сейчас не ощущаю. Тогда скрытый от меня мир станет раскрытым.

А как создаются новые свойства? – Только лишь дополнительными ограничениями, сокращениями, экранами.

114. Когда достигли дома рабби Йоси, сына рабби Шимона бен Лакуния, увидели там рабби Шимона бен Йохая. Возрадовались. Возрадовался и рабби Шимон. Сказал им: «Верно, прошли вы путь высших знаков и чудес, потому что сейчас я спал и видел вас и Бенияу, сына Яуяда, посылающего вам две короны с одним старцем, увенчать вас ими. Уверен я, что на этом пути был Творец. Особенно и потому, что вижу, как изменились ваши лица». Сказал рабби Йоси: «Правильно сказано, что мудрец предпочтительней пророка». Явился рабби Эльазар и положил свою голову на колени отца своего, рабби Шимона, и рассказал ему о происшедшем.

Когда достигли дома рабби Йоси, сына рабби Шимона бен Лакуния (был такой знаменитый мудрец), встретили **там рабби Шимона бен Йохая** (РАШБИ). **Возрадовались. Возрадовался и рабби Шимон. Сказал им: «Верно, прошли вы путь высших знаков и чудес, потому что сейчас я спал…**

Понятно, что речь идет не об обычном сне, а о таком духовном состоянии, когда из всех раскрывшихся передо мной огромных желаний – в силу отсутствия на них экрана – я использую только самую малую часть, и только в этой части я могу различать реальность и мои отношения с Творцом. Такое состояние называется «одна шестидесятая часть смерти». Я ничего не могу чувствовать и понимать, весь свет исчез, и в келим осталось лишь слабое, оживляющее их свечение (киста де-хаюта).

«Отходить ко сну» – это значит начинать новый период, новую ступень, когда старое состояние заканчивается и начинается работа с новыми, неисправленными еще желаниями. Все части духовного парцуфа (души) – его голова (рош), туловище (тох) и конечности (соф) – находятся на одном уровне. Поэтому нет «облачения» внутреннего света сверху вниз. Такое состояние, как мы знаем, называется «ночь».

Из такого состояния мы должны пробудиться, встать в полный рост (состояние ГАР), а затем, с новыми желаниями, снова лечь.

Сначала я передаю себя в руки Высшей силы, чтобы она обо мне позаботилась, словно о зародыше в материнской утробе. Потом я уже начинаю активно отменять себя, собственными силами подавляя свое желание насладиться. И чем больше я отменяю себя, тем больше за счет этого расту. А потом мой парцуф снова опустошается от света, и я погружаюсь в сон, пока не придет новый день и новая ступень...

Таким образом чередуются состояния, кругооборот за кругооборотом.

...и видел я вас и Бенияу, сына Яуяда (парцуф Атик), **посылающего сейчас вам две короны с одним старцем** (рабби Амнон Саба), чтобы **увенчать вас ими.**

То есть из парцуфа Атик в награду за преодоление всех испытаний, которые они встретили на своем духовном пути, через рабби Амнона Саба они получили свет мудрости, свет Хохма.

Уверен я, что на этом пути был Творец.

Все препятствия, которые были на их духовном пути, все падения и подъемы не были случайны. Сам Творец именно таким образом вел их к той высокой духовной ступени, которую они сейчас постигли.

Особенно и потому, что вижу, как изменились ваши лица».

Потому что постигли нечто такое, о чем **сказал рабби Йоси: «Правильно сказано, что мудрец предпочтительней пророка».**

Почему?

Постижение мудреца – это полученное с помощью экрана, личное, заслуженное постижение. В меру ступени своего постижения он является партнером Творца – как бы сам строит ту ступень, на которой находится. В то время, как пророчество – это раскрытие свыше, подарок Творца. Творец «открывает» глаза каббалисту, и тот видит и понимает, но только в силу сделанного не им, а Творцом.

Явился рабби Эльазар, положил свою голову на колени отца своего и рассказал ему о происшедшем.

Рабби Эльазар полностью «отменил» себя перед своим отцом, рабби Шимоном, и таким образом они соединились в одном парцуфе. И вот теперь рабби Шимон получает возможность понять и рассказать им, что же с ними произошло.

Не бойтесь Творца, не бойтесь ругать Его, злиться на Него, предъявлять Ему претензии. Ведь Он специально дразнит нас, играет, как говорится, на наших нервах, для того чтобы мы обратили на Него внимание, как на Источник всего существующего. В итоге, когда мы начнем обращаться к Нему, то поймем, что это наши собственные свойства делают нашу жизнь такой страшной, такой уродливой.

— Да, но ведь это Он сотворил нас такими.

— Правильно. *Но начните Его ругать, ругать, что называется, от души — посмотрим, сможете ли вы это или нет — и тогда вам раскроется истина, что на самом деле зло, эгоизм — это не от Него. Есть еще кто-то, кроме Него? Нет никого. Так откуда же? Эгоизм порожден скрытием Творца, а не самим Творцом. Ну, это надо прочувствовать...*

Поэтому ругайте, это полезно. Творец желает только одного — чтобы вы не забывали о Нем, потому что это помогает вам продвигаться. А как вы будете к Нему относиться — хорошо или плохо — это не име-

ет значения. Не пытайтесь играться. Ну, с кем? Ведь Он знает, что в вашем сердце.

115. Боялся рабби Шимон и плакал. Сказал: «Творца слышал и убоялся». Об этом сказал пророк Хавакук, когда увидел смерть свою и как Элиша оживляет его. Почему его имя Хавакук? Потому что сказано: «К этому времени будет "хувкат"(обнят) сын». Потому что Хавакук был сыном Ашонамит. И было два объятия: одно – матери, а второе – Элиши, как сказано: «И приложил свой рот к его рту».

Один пророк, второй пророк, воскрешение, два объятия, Ашонамит…

Как все запутано. Что хотел скрыть рабби Аба?

Итак. В мирах Асия, Ецира, Брия находятся наши души. Вместе с этими мирами, в комплекте, что называется, они поднимаются в мир Ацилут и выше.

Что значит «в комплекте»?

Когда наши души, мы, поднимаемся из нашего мира – сначала в миры БЕА, затем в мир Ацилут, затем в мир Адам Кадмон и, наконец, в мир Бесконечности, – то все эти миры сворачиваются вслед за нами, как ковер. Мы поднимаемся вместе с мирами, и

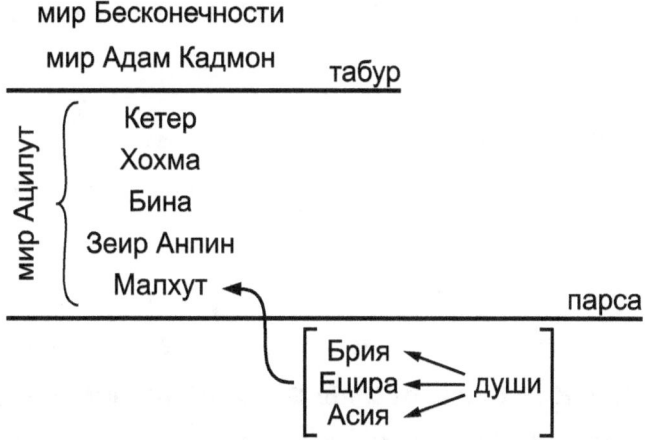

все они исчезают. Поэтому на иврите слово «олам» (мир) происходит от слов «элем» (скрытие) и «неэлам» (исчезающий).

Так вот, оказывается, что души наших путешественников – рабби Эльазара и рабби Аба – поднялись сначала в Малхут мира Ацилут, а потом до самого высокого уровня, до Кетера.

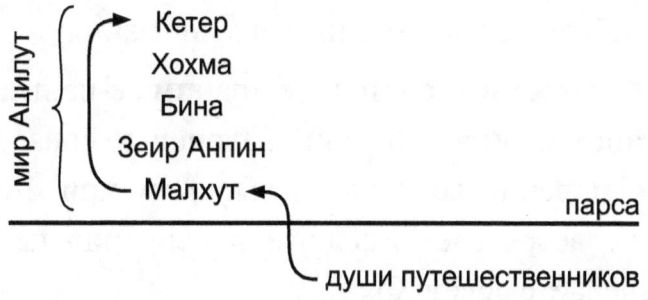

Боялся рабби Шимон и плакал.

Для того чтобы быть понятым, рабби Шимон специально «уходит» в малое состояние (катнут).

Сказал…

Что мы должны понять из сказанного рабби Шимоном?

Высший и низший парцуфы могут находиться относительно друг друга в четырех состояниях (из них мы рассматриваем только три, потому что четвертое для нас пока что нереально):

— во-первых, состояние «ахор бе-ахор» (спина к спине), то есть, нет никакого контакта между ними — у высшего нет желания отдавать, а у низшего нет желания получать;

— во-вторых, состояние «паним бе-ахор» (лицом к спине) — высший, что называется, поворачивается лицом к низшему, а низший не обращает на это никакого внимания;

— в-третьих, состояние «паним бе-паним» (лицом к лицу) — низший наконец-то соизволил повернуться лицом к высшему, при этом передается свет Хасадим и «внутри» него передается свет Хохма.

Третье состояние – это то, что сказал Элиша: «И приложил свой рот к его рту».

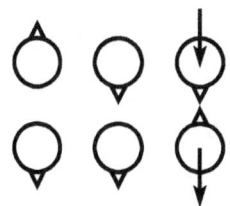

Попробуем разобраться, что и как мы познаем, что и как мы ощущаем, есть ли что-то вне наших ощущений.

Дело в том, что всё познание – относительно нас, все ощущения – относительно нас. Вне нас ничего не существует, мы говорим только о том, что постигаем. О том, что не постигаем, мы не можем сказать ни одного слова, у нас нет для этого ни мыслей, ни желаний.

Поэтому говорить об объективном существовании, как нашего мира, так и духовных миров, не приходится. Они все проявляются в человеке, в мере его постижения. А в ком они могут быть, если отсутствует постигающий? То, что в нашем мире якобы существует вещь вне меня, – это просто иллюзия. Нет такого. А в духовном мире абсолютно ясно, что все, что существует – существует только в моем ощущении.

Мы с вами находимся – но это очень приблизительная, очень грубая аналогия – *в океане Высшего света. В зависимости от того, насколько мои внутренние характеристики совпадают с характеристиками этого света*, – *в зависимости от этого передо мной возникает картина воспринимаемого мной мира. Мое сегодняшнее совпадение* – *это неприятнейшая, удручающая картина. Ничего не сделаешь. По мере того, как я буду себя исправлять, буду все больше подобен Высшему свету*, – *по мере этого мне будет открываться всё более лучший, совершенный, комфортный мир.*

А вообще ничего этого нет – *никаких миров, никаких объектов, ничего и никого. Только Высший свет.*

А я? То, каким я себе представляюсь, как я существую, чувствую себя, – *вот это и есть я. А на самом деле? А на самом деле такого вопроса вообще быть не может. Что значит: «на самом деле»? Относительно кого и чего?*

Это я вам говорю, как специалист по онтологии – *по восприятию реальности, по теории поздания.*

Итак. Каббала говорит очень кратко, конкретно, категорично: реальность – *это чисто субъективное наше ощущение, только лишь. Объективная реальность – такого понятия вообще нет. Есть только субъективная.*

116. Нашел в книге царя Шломо, что содержит имя Хавакук 72 имени. Создал Элиша его словами. Каждое слово состоит из трех букв. Потому что буквы алфавита, которые отец поначалу утвердил ему, улетели во время его смерти. Но Элиша обнял его и своим духом утвердил в нем все эти буквы, в его 72 именах. А всего букв в его 72 именах – 216, по три в каждом имени.

Вкратце, речь идет о следующем.

Число 72, на иврите – айн бет (айн – 70, бет – 2), – особое число, закодированное число, тайное число. Оно часто упоминается в «Зоаре».

Что оно означает?

Дело в том, что все мироздание представляет собою всего лишь десять сфирот, или имя Творца – АВАЯ. Наполнение АВАЯ светом является раскрытием этого имени и называется парцуфом. Существует, как мы знаем, пять парцуфим: Кетер (Гальгальта), АБ, САГ, МА, БОН. АВАЯ, наполненное светом Хохма, называется парцуфом АБ (числовое значение 72).

Таким образом, 72 буквы означают свет мудрости, ор Хохма, который проходит сверху вниз. Причем, если свет идет по трем линиям (как мы знаем, существуют три линии: правая, средняя, левая), то получается – 72 × 3 = 216, то есть 216 потоков.

Наша первоочередная задача – стремиться не к свету, а к тому, чтобы понять, что значит свет.

Светом называется ощущение отдачи в человеке.

Пока человек не удостоился раскрытия Творца, его отдача только эгоистическая, то есть человек наслаждается от того, что у него есть это свойство, Но это не отвергается – таковы этапы развития. Ведь когда взаимная отдача распространится в массах, люди почувствуют в этом пользу и начнут ценить свойство отдачи, дающее им жизненную силу, поддержку, уверенность. Они захотят приобрести это свойство, приблизиться к нему, и это окажет на них воздействие. В результате к ним поступит свет, возвращающий к Источнику, и они поймут, что им стоит отдавать друг другу.

Общество, стремясь к хорошей жизни, бессознательно начинает уважать отдачу и таким путем приходит к раскрытию Творца.

А то, что человек иногда ощущает, что его заливают, наполняют потоки света, что все так хорошо, все ясно, понятно, – это не тот свет, о котором говорится в каббале. В каббале говорится о свете только лишь, как об ощущении отдачи, относительно другого, в направлении «от себя».

117. Все эти буквы утвердил Элиша в душе Хавакука, чтобы оживить его буквами 72 имен. И назвал его Хавакук, потому что это его полное имя, описывающее все его свойства, потому что говорит о двух Хавакуках, о 216 буквах святого имени, ибо имя Хавакук в гематрии – 216, из которых образовались 72 имени. С АБ именами оживил его и возвратил в него дух, с РИУ буквами оживил его тело и дал существовать. Потому и называется Хавакук.

Имя Хавакук, как и все имена в иврите, говорит о свойстве человека, носящего это имя. Например, Яаков – от слова «экев» (обошел Эйсава), Авраам – от «аба» (отец) и «ам» (народ). Имя Хавакук говорит о двух объятиях (объятие – хибук, мн. число – хибуким).

Объятия – это свет Хасадим и, получаемый в него, свет Хохма, который называется «тайны РИУ». РИУ – это число 216 (рейш – 200, йуд – 10, вав – 6).

Свет Хасадим – это надежная защита от опасности проникновения эгоистических сил, и потому нет смерти – следствия получения света Хохма для себя.

Представьте себе сосуд, разбитый на маленькие кусочки, которые нам надо собрать воедино. В той мере, в которой вы будете пытаться это делать, вы вдруг почувствуете, что эта посудина – эта общая душа – она уже собрана, не хватало лишь вашего маленького участия.

Так вот, представлять себя частью в этой общей душе, в этом огромном кли, и пытаться связаться с остальными душами с помощью света, который на нас действует, – это и есть наша задача. То есть с моей стороны должно быть желание – желание к связи с помощью Высшего света (ор Макиф), для того чтобы в этом кли раскрылся Творец – общее свойство отдачи.

Вот это надо представлять себе во время учебы. Это самое надежное, самое лучшее из того, что может быть. Если мы на этом сконцентрируемся, то больше ничего нам не надо.

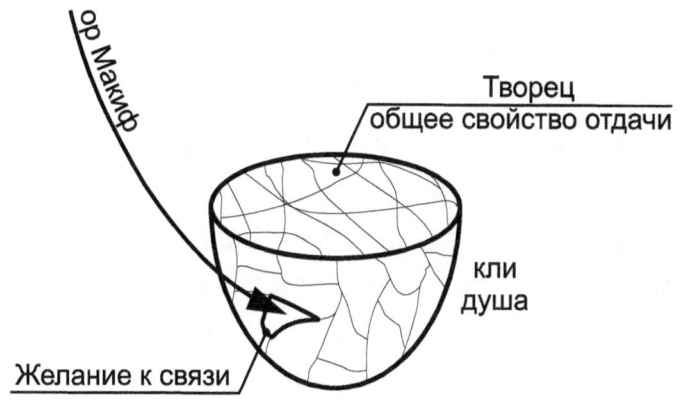

118. Он сказал: «Творца слышал я и убоялся имени Его». «Слышал» – то, что было у меня, попробовал от того мира – в момент смерти, прежде чем Элиша оживил его. **«И убоялся»** – начал просить милосердия к душе своей. Сказал: «Творец, деяния Твои, что Ты делал мне в течение лет, были моей жизнью». А всякий, кто соединяется с прошлыми годами, как

называются сфирот Атика, соединяется с жизнью. В течение лет дай жизнь той ступени, которая безжизненна, то есть ступени Малхут де-Малхут.

Откуда человек, достигший столь высокого состояния, как Хавакук, может получить чувство страха? Он само совершенство, и поэтому нет места страху. Но страх ему необходим, ведь без этого он не сможет далее подниматься.

Страх его – от прошлого времени, прошлых состояний. Из прошлого состояния он продолжает получать страх, чтобы он помог ему создать экран для подъема МАН. Именно в силу страха с прошлых времен-состояний он начал поднимать МАН – просьбу о милосердии к себе.

Это и есть тайна будущего экрана. Ведь тогда «уничтожит Он смерть навеки», и не будет никакой силы, вызывающей страх смерти, страданий, силы, которая может навредить чистоте и святости человека. Поэтому не от кого устраняться, некого остерегаться и избегать.

Если бы не оставались воспоминания страха из прошлых состояний, не смог бы парцуф создать экран в состоянии, когда ему уже нечего бояться.

Объясняя это, и рассказал рабби Шимон о Хавакуке, дабы научить рабби Эльазара и рабби Аба, как получить страх, – подобно Хавакуку, взявшему страх из прошлого.

Связать воедино с Творцом все, что происходит с тобой, со всем миром, – так, чтобы не было различия, – в этом единении должны пройти все сомнения и страхи. Если нет – еще лучше! – проси об этом Творца.

В книге «Зоар» сказано, что первое исправление, «пкуда кадмаа» (на арамейском), – это достижение истинного страха. Страх преследует всех и всегда: это страх сохранить свою структуру у неживой природы, страх наполниться нужным и отторгнуть вредное у растительной и животной природы, включая человека. Отличие только в масштабах применения этого свойства, в мере осознания его глубины в себе, то есть в мере своего эгоистического развития.

У обычного земного человека два вида страха: об этом мире – о своем устройстве, здоровье, потомстве и прочее; и о будущем мире – заготовить себе рай, а не ад.

Но все эти виды страха в развивающемся эгоизме приводят человека к истинному, третьему виду страха: «Смогу ли я уподобиться Творцу в свойстве отдачи и любви к другим и к Нему».

Если человек проникается необходимостью достичь этого свойства, то этот страх его подгоняет и приводит к махсому, к возвращению к Творцу.

119. Заплакал рабби Шимон и сказал: «И я видел от Творца то, что слышал». Воздел руки свои выше головы и сказал: «Но ведь рабби Амнона Саба, свет Торы, вы удостоились видеть лицом к лицу, а я не удостоился этого». Упал на лицо свое и увидел того, вырывающего горы и зажигающего свечи в зале царя-Машиаха. Сказал ему: «Рабби, в том мире мы будем соседями с руководителями собраний пред Творцом». Отсюда и далее звал он рабби Эльазара, сына, и рабби Аба по имени Паниэль, как сказано: «Потому что видел Творца лицом к лицу».

Заплакал рабби Шимон и сказал: «Я увидел, что происходит это все **от Творца**, который передает это через **рабби Амнона Саба**. От него нисходит свет, и **вы удостоились увидеть** его **лицом к лицу, а я не удостоился этого». Упал на лицо свое и увидел того, вырывающего горы, зажигающего свечи в зале царя-Машиаха. Сказал я ему: «В том мире мы будем соседями с руководителями собраний перед Творцом».**

Отсюда и далее звал он рабби Эльазара, сына, и рабби Аба по имени Паниэль, как сказано: «Потому что видел Творца лицом к лицу».

Очень глубокая статья, и очень сложное ее окончание. Говорится о высших уровнях мира Ацилут, о нашем окончательном исправлении.

Души соединяются с людьми и, будучи в человеке, в нашем мире, должны постепенно сменить свои свойства-желания на свойства-желания Творца. Это называется личным или частным исправлением души. Состояние, в котором находятся души, достигшие своего личного, частного исправления, называется «нахождение в зале царя-Машиаха».

Таким образом, в зале царя-Машиаха находятся те души, которые удостоились совершить все свои личные исправления.

Свет в этом зале, свет Торы, называемый Амнон Саба, полностью освобождает человека от нечистых сил, то есть полностью очищает от всех исконных его эгоистических желаний, исправляет Малхут де-Малхут, «кажущуюся праведникам как высокая гора». Исправляет тем, что создает новый экран, чтобы поднять МАН – просьбу об окончательном исправлении.

Итак.

В творении, в Малхут де-Малхут, «разбились» связи между его частями, то есть между душами. Таким образом, мы намеренно были созданы разобщенными, чтобы дать нам возможность исследовать, что такое единство. Для достижения такого состояния требуется небольшое усилие, но оно должно быть правильно направлено. Условие соединения разбитого творения в целое несложно реализовать, если знать, как приложить свои слабые силы.

Наша проблема в том, что мы растекаемся своими мыслями и желаниями и не можем их собрать в единое целое. Для успеха важна не величина усилия, а соединение всех маленьких усилий вместе. Если они соединятся, значит, их общее усилие будет направлено на достижение поставленной перед нами задачи – «родиться» в Высшем мире.

Поэтому нам нужно стремиться только к соединению наших желаний в одно общее, и в нем раскроется свойство отдачи – Творец.

«Погонщик ослов» возникает тогда, когда в нем нуждаешься. То есть, надо начать двигаться вперед, прилагать усилия, заниматься учебой, заниматься распространением, и в итоге этих занятий почувствуется необходимость в этом погонщике. Становится скучно, тускло, тошно, всё как-то не так... Где это многообещающее нечто, о чем говорит нам каббала? Человек начинает опускаться, пропадает вдохновение, пропадает желание. А не бросить ли всё?..

И тогда появляется погонщик ослов. Это очень хорошее ощущение – как будто крепкая рука берет тебя (имеется в виду твой эгоизм) за шиворот, приподнимает в воздух и переносит на другое место. Мы не можем перейти со ступени на ступень иначе, как только с помощью погонщика. Нет в нас таких сил, чтобы совладать со своим ослом.

Надо понять, что подобное состоя-

ние – это не усталость организма, это не «зубодробительность» однообразного материала. Все это приходит свыше. К вам специально посылается ангел, который начинает буквально высасывать из вас все силы, весь ваш интерес. Это с одной стороны. С другой стороны, вы должны, что называется, зубами держаться за связь с группой, с учебой, со всеми своими заботами, для того чтобы поддерживать в себе важность цели: «Ничего другого в мире нет. Ничего другого я не найду».

Единственное предназначение жизни человека в этом мире – это раскрыть Творца. Необходимо понять, что мы должны прорвать границу жизни и смерти, что в течение этой жизни мы должны достичь бесконечности, вечности, ощутить ее здесь и сейчас. И тогда у нас будут совершенно другие мысли, другие чувства, другие решения. Представляете, если бы человек чувствовал себя вечным!

Как и любой нарушитель, приближающийся к границе, мы испытываем постоянно возрастающее психологическое давление. Мы о ней не забываем, не можем забыть, она подсознательно существует в каждом нашем действии.

Так вот, нам надо поднять себя на такую высоту, на такой уровень, когда мы смотрим выше этой границы, мы просто аннулируем ее. Это самое главное. Поэтому всё, что обрушивается на вас именно сейчас, предназначено для того, чтобы вы начали относиться ко всему не с точки зрения вашей повседневности, мелких дрязг и никчемных забот, а начали воспринимать мир, жизнь с точки зрения вечности.

Вот тут-то и возникает погонщик.

Ночь невесты (п.п. 125 – 145)

Великие каббалисты написали для нас книги. Но на самом деле это не книги, а раскрытие связи между ними и Творцом. Они дали нам возможность ухватиться за эту связь через буквы и слова, записанные на листах бумаги, и таким образом мы можем соучаствовать в этой связи.

Ведь что такое книга и написанные в ней слова? Я не знаю, что это такое. Я, словно младенец, касаюсь чего-то. А каббалисты сделали так, что когда я соприкасаюсь с книгой, желая через нее быть связанным с ними, – я уже использую эту силу, которую они создали связью между собой.

Из всех книг «Зоар» обладает самой большой силой связать нас. Наша задача состоит в том, чтобы сосредоточиться на желании ощутить ту же картину реальности, о которой рассказывает «Зоар», и представить себе, что всё это – связь между нами. Всё, абсолютно всё, о чем говорит «Зоар», нам больше негде раскрыть, как только в наших общих желаниях.

Кажется, что само действие: «Я сижу перед книгой и представляю себе, что речь идет о связи между нами, в которой я раскрываю всё, о чем я прочел» – очень простое. Однако осуществить его непросто, это требует и времени, и сил. Но если нам удастся достигнуть этого, то в связи между нами раскроется Творец.

И потому необходимо понять, что без изучения науки каббала человек не сможет пробудить «свет, возвращающий к Источнику». Он может налаживать связи с другими людьми, желая выстроить свой прекрасный мир, но он не получит силу света, силу исправления. Он обязан каким-то образом, пусть даже опосредо-

ванным, быть связанным с системой, которая использует истинные книги, группу, понимание, связь согласно рекомендациям каббалистов. Иначе невозможно достичь исправления.

О чем говорит эта статья, «Ночь невесты»? Она говорит о том, что мы с вами прошли, о нашем сегодняшнем состоянии, и о том, что нам предстоит постичь. То есть, при нисхождении из мира Бесконечности (1) через миры – Адам Кадмон, Ацилут, Брия, Ецира, Асия – мы спустились в состояние, называемое «Наш мир» (2), и отсюда мы должны совершить подъем в состояние «Совершенство» (3).

Наш мир – наинизший, наихудший из миров – это 15 миллиардов лет существования нашей Вселенной, включая Землю и развитие человечества на ней. XXI век – это начало подъема.

Подъема, как такового, пока еще нет, но мы уже начинаем ощущать, что нам тесно, нам плохо, что мы не можем существовать в той же системе, в том же направлении развития, в котором существовали до этого времени, потому что заканчивается, так называемая, «ночь невесты». Время, само по себе, нужное и необходимое, потому что оно подготавливает нас к рассвету.

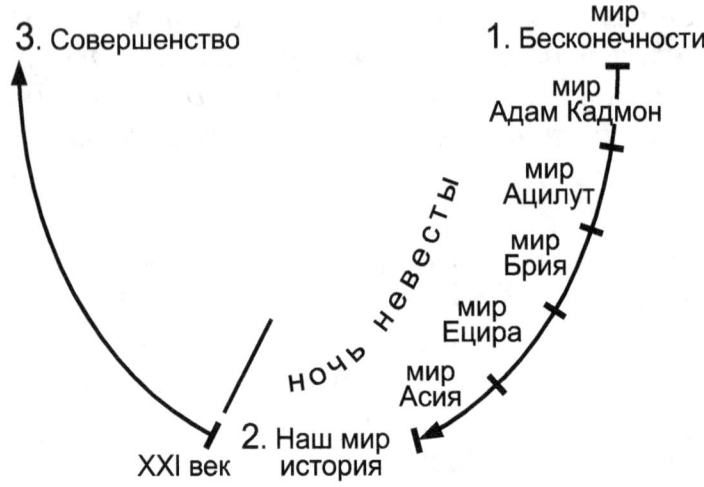

«Ночь невесты» — это не первая брачная ночь — это еще ночь невесты, которая готовится к тому, чтобы на следующий день после этой ночи обручиться, соединиться со своим возлюбленным. Поэтому эта ночь — она все-таки ночь. Она — тьма, изгнание, отдаление, когда к концу этой ночи человечество начинает постепенно осознавать, в каком действительно тупике, безысходности оно находится.

125. Рабби Шимон сидел и занимался Торой в ночь, в которую невеста, Малхут, соединяется со своим мужем, с Зеир Анпином. И все друзья, находящиеся в свадебном зале невесты в эту ночь, после которой, назавтра, в день праздника Шавуот,

они обязаны вместе с женихом стоять под хупой, должны быть с ним всю ту ночь и веселиться с ним исправлениям невесты, то есть учить Тору, затем Пророков, затем Святые писания, а затем и мудрость, потому что именно эти исправления и есть украшения невесты. А невеста исправляется и украшается ими и весела с ними всю эту ночь. А назавтра, в день праздника Шавуот, она является к хупе только вместе с ними. А эти ее друзья, занятые всю ночь Торой, называются сыновьями хупы. А когда она является к хупе, Творец спрашивает о них, благословляет их и украшает их украшениями невесты. Счастливы удостоившиеся этого!

Рабби Шимон сидел и занимался Торой в ту ночь, в которую невеста, Малхут, соединяется со своим мужем, с Зеир Анпином.

«Зоар» употребляет слово «муж», а не «жених»; на иврите слова «муж» и «хозяин» – это одно слово, поэтому необходимо в слово «муж» вносить и второй смысл.

И все друзья, то есть все мудрецы, праведники, **находящиеся в свадебном зале невесты в эту ночь, после которой, назавтра, в день праздника Шавуот, они обя-**

заны вместе с женихом стоять под хупой (под свадебным балдахином), должны быть с ним (с женихом) **всю ту ночь и веселиться с ним исправлениям невесты, то есть учить Тору, Пророков, затем Святые писания, а затем и** всю **мудрость, потому что** благодаря именно этим исправлениям, которые в течение этой ночи проходят все эти мудрецы, праведники (то есть мы, души), они – в исправленном своем состоянии – и являются **украшениями невесты.**

А невеста – это все творение – **исправляется и украшается ими**, то есть этими праведниками, этими людьми, которые, работая над собой, помогая другим, стремятся исправить все творение, всю нашу эгоистическую суть, то есть поднять ее к свойству отдачи и любви – к Творцу, и поэтому невеста **весела с ними всю эту ночь.**

А назавтра, в день праздника Шавуот, она является к хупе, к экрану, **только вместе с ними** – с теми, кто поддерживает ее и образует вместе с ней тот единый сосуд, который способен получить все наполнение Творца. И **эти ее друзья, занятые всю ночь Торой**, то есть исправлением себя, **называются сыновьями хупы** – сыновьями единения, слияния невесты с женихом, или всего мироздания с Творцом.

А когда она является к хупе, Творец спрашивает о них, благословляет их и украшает их украшениями невесты.

Счастливы удостоившиеся этого!

Ночь – это время скрытия Творца, то есть время, когда вследствие власти «нечистых», эгоистических, сил человек не ощущает Творца. Мы даже не понимаем этого, но мы видим, как в наше время человечество постепенно-постепенно начинает давать правильную оценку своему состоянию. У нас, в принципе, появляются два определения:

– с одной стороны, мы ощущаем никчемность, пустоту, какую-то неудовлетворенность;

– с другой стороны, в нас все-таки проявляется какая-то уверенность, какое-то знание о том, что, очевидно, должно быть что-то выше этого.

Все это основано на нашем, постоянно развивающемся, эгоизме, и поэтому вся история нашей эволюции называется «ночь». В течение этой ночи мы должны себя подготовить к пониманию, осознанию того, что все наше развитие до сегодняшнего дня было необходимо, что все эти состояния, этапы, которые мы прошли, – они были необходимы, потому что мы таким образом подготавливаем пустое кли, сосуд. А кроме этого, мы постепенно начинаем осознавать, что эта «пустота» должна иметь какую-то свою цель, потому что нет в природе чего-то бесцельного, незавершенного. Мы пытаемся разглядеть: где же это, что же это. И вот «Зоар» рассказывает нам об этом.

И все эти люди, которые в течение многих, долгих поколений (и мы с вами, в том числе), пытались раскрыть, раскрывали суть всего существующего, – они-то и есть «друзья» невесты, «сыновья» этой свадебной церемонии, то есть всего мироздания. Ведь именно они и создают все необходимые предпосылки, благодаря которым все мироздание примет ту форму, в которую оно сможет принять наполнение Творца, Его свет, и называться, таким образом, невестой.

Поэтому те, кто подготавливают себя и человечество к такому состоянию, называются «бнэй эйхала» – «сыновья зала», в котором происходит бракосочетание невесты с женихом или Малхут с Зеир Анпином.

Малхут – невеста, пришедшая под хупу, – от осознания своей опустошенности пришла к осознанию необходимости в наполнении, в единении с Творцом на основе свойства отдачи и любви. Переход от одного состояния к другому – это переход между ночью и днем, потому что на этапах «ночь невесты» мы не ощущаем своей «пустоты», не осознаем, что находимся в изгнании.

Все состояния определяются относительно их осознающего. Поэтому, если мы спросим сегодня у человека: «Ну, ты что, находишься в изгнании?» – он не поймет, о чем мы, вообще, с ним разговариваем.

Когда мы с помощью каббалы начинаем ощущать себя находящимися ниже духовного мира, ощущать необходимость подняться к нему, – это и есть истинное состояние изгнания, это и есть «ночь». Этот этап начина-

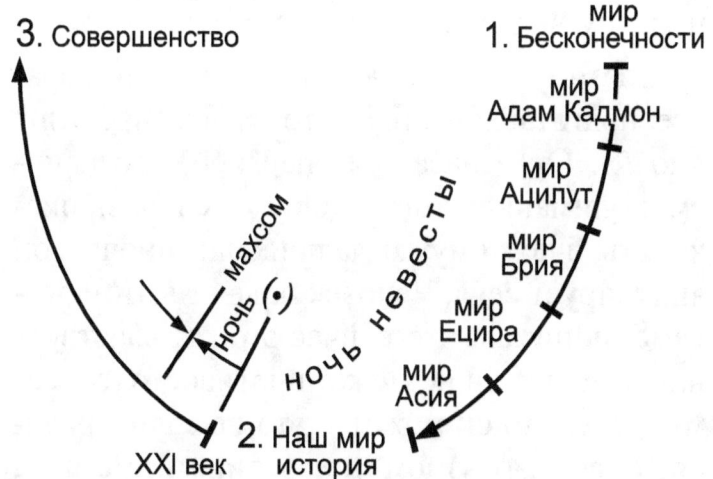

ется тогда, когда мы получаем точку в сердце, она приводит нас к каббале, с помощью каббалы мы развиваемся, проходим через махсом и входим в контакт с Творцом.

Но поскольку все предыдущие этапы, в принципе, являются подготовкой к этому, конечному, – все они также называются «ночь».

Состояние, называемое «ночь», само по себе состоит из нескольких этапов.

Прежде всего, человек должен понимать, что это состояние необходимо ему для накопления эгоизма, чтобы затем с новыми силами, на новой ступени он смог с ним работать. Ведь всё постижение, возвышение происходит только благодаря исправлению эгоизма, который раскрывается в человеке, и, естественно, чем больше раскроется эгоизм, тем выше человек поднимется.

Поэтому в течение «дня» человек заранее подготавливается к тому, что наступит «ночь». Он запасается энергией, осознанием, пониманием того, что будет с ним происходить, и поэтому, когда приходит «ночь», он аннулирует себя. Человек плывет в этом эгоизме, понимая, что сейчас эгоизм властвует над ним, что он не может противостоять этому, а все, что он может, – это не солидаризироваться с эгоизмом, не соединяться с ним, а просто находиться в нем, как Ноах в своем ковчеге отдался на волю волн потопа.

Этот этап длится до полуночи – человек находится как бы в полумертвом состоянии, из него происходит исторжение света.

А затем, в полночь, начинается подготовка к утру. Сигнал к этому – крики «первых петухов».

«Петух» – «тарнеголь» на иврите, от слова «гевер» (мужчина). С одной стороны, это особое свойство, которое заранее, чувственно предугадывает рассвет, с другой стороны, оно говорит о том, что в человеке начинает пробуждаться его мужское начало, его стремление к связи со светом.

Затем идет предрассветное состояние – самая темная часть ночи; затем, так называемый, «амуд а-шахар» – сам рассвет; и затем уже наступает день – свет, солнце.

Изучая каббалу, все эти процессы можно пройти буквально за несколько лет, в то время как человечество будет проходить это намного дольше. В итоге, рано или поздно, но все равно каждый из нас, индивидуально или группами, приходит к состоянию «утро невесты». В принципе, к этому должно прийти все человечество.

Представьте себе: все мы, без исключения, как бы входим в свадебный зал, собираемся вокруг свадебного балдахина, соединяемся вместе в одно целое, в один сосуд, и в результате наступает состояние полного, окончательного слияния, соединения всего творения с Творцом, когда каждый получает свое индивидуальное наполнение и, вместе с тем, ощущает наполнение всех, находящихся в этом зале.

126. Поэтому рабби Шимон и все его товарищи бодрствовали в эту ночь, и каждый из них вновь и вновь обновлял Тору. А рабби Шимон был счастлив, и с ним – его товарищи. Сказал им рабби Шимон: «Сыновья мои, счастлив ваш удел, потому как завтра именно с вами явится к хупе невеста, потому как все эти, исправляющие невесту в эту ночь, радующиеся ей, все будут записаны в книгу памяти, а Творец благословит их 70-ю благословениями и украшениями корон Высшего мира».

Поэтому рабби Шимон и все его товарищи – а они являются десятью основополагающими сфирот, которые образуют этот сосуд, – **бодрствовали в эту ночь, и каждый из них вновь и вновь обновлял Тору.** То есть они постепенно-постепенно все больше и больше исправляли себя для будущего наполнения, потому что Тора – это методика исправления. Как сказано: «Я создал злое начало и создал Тору для его исправления».

Как счастлив был рабби Шимон, так же счастливы были и его товарищи. Сказал им рабби Шимон: «Сыновья мои, счастлив наш удел, потому как завтра именно с вами явится к хупе (к соединению с женихом) **невеста, потому как все эти, исправляющие невесту в эту ночь, радующиеся ей, все будут записаны в книгу памяти, а Творец благословит их 70-ю благословлениями и украшениями корон Высшего мира».**

Из предыдущих уроков нам известно, что 70, так называемых, украшений, или светов, – это семь сфирот Зеир Анпина, каждая из которых состоит, в свою очередь, из десяти сфирот. Эти 70 светов войдут в сосуд, который создали и приготовили для этого десять авторов книги «Зоар».

Авторы «Зоара» олицетворяют собой десять основополагающих свойств мироздания, и поэтому книга представляет собой абсолютно законченное произведение, то есть она говорит о полном, всеобъемлющем исправлении, о всех 125 ступенях подъема. Исходя из этого, об исправлении каждого из нас – независимо от того,

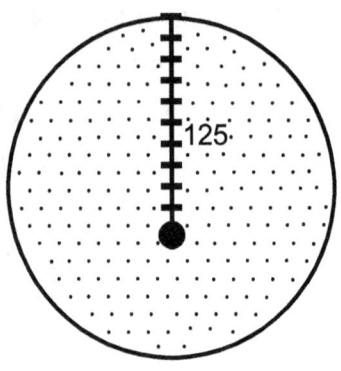

в какой точке мироздания он находится, к какой части творения он относится – говорится в книге «Зоар», и поэтому каждый из нас может черпать из этой книги все необходимое для своего духовного подъема.

127. Открыл рабби Шимон и сказал: «Небеса рассказывают о величии Творца. Уже объяснял я это, но в это время, когда невеста пробуждается, чтобы войти назавтра под хупу со всеми товарищами, которые радовались с нею всю эту ночь, – радуется с ними она, исправляется и светит своими украшениями».

Авторы книги «Зоар», в принципе, совершили всё исправление за всех нас. То есть исправление закончено, будущее состояние определено, оно существует, а нам остается только его раскрыть. Мы его не строим – оно уже создано – мы всего лишь исправляем себя, свое включение в это совершенное состояние, чтобы его ощутить, чтобы проснуться, будучи уже в нем.

Так вот, говорит рабби Шимон: **«Небеса рассказывают о величии Творца. Уже объяснял я это** вам, **но в это время, когда невеста** (невеста – это весь сосуд, все творение; а жених – это свет Бесконечности, который должен заполнить его) **пробуждается, чтобы войти назавтра под хупу со всеми товарищами, которые радовались с нею всю эту ночь, – радуется с ними она,..**

Чему же радуются невеста и ее товарищи – ведь ночь на дворе?

Ночь невесты, как я уже говорил, – это тот этап, когда люди в основном понимают, что они находятся в состоянии, называемом «ночь», но что брезжит уже «утро», то есть их ожидает связь, слияние с Творцом. Они ощущают это будущее состояние и радуются ему.

Представьте себе человека, которому предстоит прекрасный обед, удовлетворяющий всем его требованиям, всем его вкусам. Единственное что – нет аппетита. Не беда, аппетит можно, как говорится, «нагулять», а потом сесть за стол... Естественно, что человек находится в отличном настроении. Короче говоря: предвкушение удовольствия обостряет само удовольствие.

Поэтому радуются товарищи, поэтому радуется невеста, то есть всё творение – всё это желание, которое теперь уже постепенно настраивается на получение в себя всего того света Бесконечности, который называется «Творец».

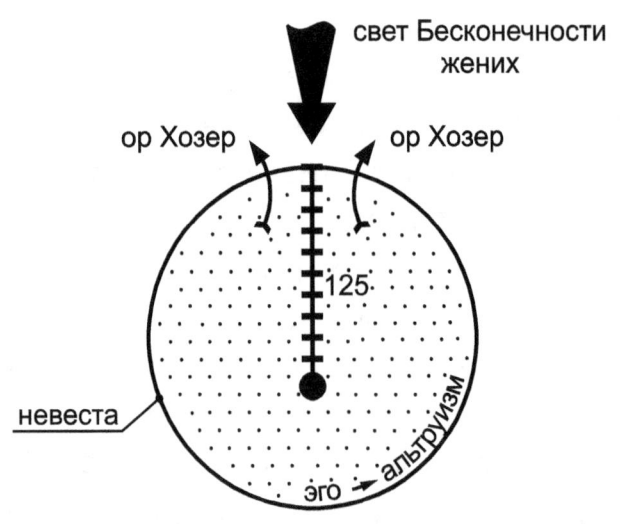

...исправляется – то есть все эгоистические желания исправляются на альтруистические,

и светит своими украшениями» – то есть своим устремлением к Творцу.

Это устремление носит название ор Хозер (обратный свет). И только тогда, когда это устремление со стороны невесты достигает самого полного, совершенного своего значения, силы, вот тогда и происходит ее слияние с Творцом. То есть все зависит от женского начала в творении, от невесты.

128. А назавтра множество – массы, войска и полчища – собираются к ней. А она, и все эти массы, войска и полчища ожидают каждого из тех, кто исправлял её, занимаясь Торой в эту ночь. Потому что соединились вместе Зеир Анпин и Малхут, Малхут видит своего мужа, и сказано: «Небеса говорят о величии Творца». Небеса – это жених, входящий под хупу, Зеир Анпин, называющийся «небеса». «Небеса говорят» – то есть светятся, как свечение сапфира, от края и до края, на всю Малхут.

А назавтра...

С восходом солнца, с появлением света наступает новый день – день окончания исправления. Как сказано: «Сегодня делать, а завтра получать вознаграждение».

...множество – массы (это все человечество, не включающее в себя работающих на Творца), **войска** (это работающие на Творца) **и полчища** (это высшие группы ангелов, сопровождающие души) – **собираются к ней**, к невесте.

Здесь «Зоар» говорит о том, что раскрываются абсолютно все части творения. Притом это должно произойти не в каком-то отдаленном, а в ближайшем будущем, буквально в наши дни. Как нам известно, мы с вами находимся на последнем этапе нашего развития.

И само слово «невеста» говорит об этом. «Невеста» на иврите «кала». Слово «кала» означает окончание работы. А жених на иврите называется «хатан», от слова «нохэт» – нисходящий к невесте. То есть невеста заканчивает свое исправление, поднимаясь к жениху, и жених опускается к невесте.

А она, и все эти массы, войска и полчища ожидают каждого из тех, кто ис-

правлял её, занимаясь Торой (то есть исправлениями) **в эту ночь. Потому что соединились вместе Зеир Анпин и Малхут,** невеста **видит своего мужа, и сказано: «Небеса говорят о величии Творца». Небеса – это жених, входящий под хупу, Зеир Анпин, называющийся «небеса». «Небеса говорят» – то есть светятся, как свечение сапфира, от края и до края** – то есть покрывают весь небосвод, всю землю.

«Зоар» подробно объясняет нам, каким образом распределяются все наши действия на 6000 лет.

Прошло 5770 лет с того времени, как Адам (первая душа) раскрыл то состояние, к которому мы, все человечество, должны прийти за 6000 лет. Нам осталось 230 лет, но этот срок не имеет существенного значения, потому что только от нас зависит, как быстро мы сможем пройти оставшийся путь. Главное – нам надо было достичь состояния, когда раскрывается книга «Зоар», раскрывается методика исправления.

129. Величие Творца (Эль) – это величие невесты, Малхут, называемой Эль. Как сказано: «Эль гневается каждый день». Все дни года она называется Эль,

а сейчас, в праздник Шавуот, когда уже вошла под хупу, она называется «величие» и называется «Эль» – главнее главного, светящееся из светящегося, власть властей.

Величие Творца – это величие невесты, то есть Малхут, называемой Эль.

У самого Творца, у самой Высшей силы, нет имени. То, что мы называем именами Творца, означает те Его свойства, которые в том или ином состоянии ощущает творение. То есть имена Творца – это Его проявления относительно нас: или Он взыскательный, или – благодушный, или – жестокий, или – милосердный, и так далее, и так далее.

Эль – это свойство самого большого милосердия, которое появляется вместе с самым большим гневом. Иначе и быть не может. Каким же образом тогда проявится милосердие?

Когда ощущается огромная, скажем, неисправность низшего, тогда, при этом, ощущается великий гнев Высшего, и вместе с тем над этими естественными, жесткими состояниями природы – неисправность и гнев –

начинает ощущаться переход на более высокую ступень, когда преклоняет голову невеста, и из милосердия нисходит к ней Творец. И в этом проявляется величие Творца и любовь со стороны невесты к Нему.

130. В тот час, когда небо, Зеир Анпин, входит под хупу и светит Малхут, все ее товарищи, исправлявшие ее своими занятиями Торой, все известны, каждый по имени, как сказано: «О деянии рук Его повествует небо». «Деяния рук Его» – участники этого союза, называемые «деяния рук Его». Как ты говоришь: «Деяния рук наших утверди для нас», – что является знаком союза, отпечатанного на теле человека.

В тот час, когда небо, Зеир Анпин, входит под хупу и светит Малхут – то есть Творец приближается и Его свет проникает в нас, в наши души,

все ее (невесты) **товарищи** – это все ее части, это мы с вами, **исправлявшие ее своими занятиями Торой,** и потому, что все товарищи совершали только добрые действия и святую работу – исправляли Малхут, поэтому – **все известны, каждый по имени,** и все их действия обращаются в **«деяния рук Его»** – Творца.

«Деяния рук наших утверди для нас».

Говорится о том, что союз с Творцом – это деяния наших рук. То есть на нас самих возложено подготавливать себя к слиянию с Творцом. Но руки – это символ эгоизма, а мы стремимся делать ими антиэгоистические действия. Поэтому мы и просим Творца утвердить «деяния рук наших» именно в их антиэгоистическом качестве.

И об этом же – об ответственности человека – сказал рабби Амнон Саба – великий каббалист, объяснивший строение всего мироздания с точки зрения строения букв.

131. Рабби Амнон Саба сказал так: «Не позволяй своему рту прегрешить против своего тела» – то есть, чтобы не позволил человек своему рту приблизиться ко злу, не позволил, чтобы рот был причиной прегрешения святого тела, на котором есть печать святого союза с Творцом. Потому что, если делает так, увлекают его в ад. А управляющий адом, по имени Домэ, и сотни тысяч ангелов с ним, стоят в воротах ада. Но нет у него (Домэ) позволе-

ния приближаться к тем, кто соблюдал святой союз в этом мире.

Мы с вами достаточно подробно проходили статью «Буквы рабби Амнона Саба», и поэтому уже знаем, что буквы – это не просто какие-то фигуры на бумаге, не просто звуки, которые мы произносим.

В физический процесс, который мы называем нашей способностью говорить, вовлечены пять частей легких, пять частей гортани, пять частей полости рта, и, наконец, пять – выходящих изо рта – групп звуков: голосовых, нёбных, щёчных, языковых, губных. Эти пять групп представляют собой информационные внешние данные, исходящие из пяти сфирот: Кетер, Хохма, Бина, Зеир Анпин, Малхут.

Так вот, рабби Амнон Саба говорит: «Не позволяй своему рту прегрешить против своего тела, на котором есть печать святого союза с Творцом».

Рот («пэ» на иврите) – это место, где находится твой экран, твоя антиэгоистическая сила, которая обращает весь твой эгоизм в отдачу и любовь.

Тело (святое тело, на котором есть печать святого союза) – имеется в виду душа, хранимая с помощью святого союза, то есть с помощью свойства Творца – свойства отдачи, которое исходит со стороны творения к Творцу. Как сказано: «Из своего тела увижу Творца своего» – то есть из своей природы, из своих свойств.

Прегрешить, приблизиться ко злу… Нельзя забывать, что речь идет о человеке, работающем над собой, идущем вперед, для которого работа ради Творца является основным занятием в жизни. Но иногда он не может точно соблюсти все ограничения и, что называется, «попадает в сети нечистых сил». Простой же человек, не работающий над собой, над изучением каббалы, естественно не имеет дела ни с «чистыми», ни с «нечистыми» духовными силами.

Потому что, если делает так (допускает какие-либо отклонения)**, увлекают его в ад.**

Ад – это состояние получения ради себя, когда человек полностью освобождается, опустошается от Высшего света, отдаляется от Него, падает в противоположное состояние.

А управляющий адом, по имени Домэ,

Домэ – от слова «дмама» (безжизненность). Это ангел, вызывающий в человеке сомнения в величии Творца, то есть вызывающий в человеке представление о замыслах Творца, как о замыслах, «рожденных» в нашем мире.

В начале человек понимает, что не в состоянии постичь ни мыслей Творца, ни путей и методов Его управления, потому что наш разум – разум творения – естественно, ниже разума Творца. Но Домэ (если дать ему хоть малейшую возможность) убеждает человека, что он подобен разумом Творцу, отчего человек готов ко всем и всяческим сомнениям, увлекающим его в ад.

и сотни тысяч ангелов с ним…

«Сотни тысяч» – это качественная характеристика силы падения человека.

…стоят в воротах ада.

Говорится о том, что «пэ» – место, где человек должен был соединиться с Творцом, – обращается в место разрыва связи с Ним.

Но нет у него (Домэ) позволения приближаться к тем, кто соблюдал святой

союз в этом мире, то есть к тем, кто заранее готовит себя к тому, чтобы все их действия были направлены на отдачу, чтобы «их рот не прегрешил».

Мы должны постоянно, очень тщательно, очень скрупулезно следить за тем, чтобы наш экран на самом высшем желании, которое мы называем «говорящий», «человек», сохранял свое место и свою силу. А это определяется тем – этим мы отличаемся внешне от остальных существ – что мы извлекаем из своего рта.

Как пример ограниченности полномочий Домэ, относительно человека, который не позволил себе впасть в сомнение, «Зоар» приводит историю царя Давида.

132. Когда случилось у царя Давида то, что случилось, – объял его страх. В то время поднялся Домэ перед Творцом и сказал: «Владыка мира, сказано в Торе: "Человек, который прелюбодействует с женой замужней". Давид нарушил свой союз, как же?» Ответил ему Творец: «Давид праведник, и его святой союз непорочен, потому как открыто Мне, что Бат-Шева была уготована ему со дня сотворения мира».

Когда случилось у царя Давида то, что случилось (он взял себе Бат-Шеву – женщину, муж которой был на войне), – **объял его страх. В то время поднялся Домэ перед Творцом и сказал: «Владыка мира, сказано в Торе: "Человек, который прелюбодействует с женой замужней". Давид нарушил союз.** Так что ему положено?». **Ответил ему Творец: «Давид праведник, и его святой союз непорочен. Бат-Шева была уготована ему** Мною заранее, еще **со дня сотворения мира».**

Если Бат-Шева изначально была уготована Давиду, то зачем же она прежде была женой другого?

Посмотрим, как «Зоар» объясняет нам эту «несообразность».

133. Сказал Ему Домэ: «Владыка мира, если открыто Тебе, то перед ним это не открыто». Ответил ему Творец: «Все, что делал Давид, было с Моего разрешения. Потому что ни один из уходящих на войну не уходит, пока не даст жене своей гет (подписку о разводе)». Сказал тогда Домэ: «Но если так, то Давид должен был ждать три месяца, а он не ждал». Отвечал ему Творец: «Отсрочка нужна только для

того, чтобы убедиться, не беременна ли женщина от прошлого мужа. Но раскрыто ведь Мне, что Урия никогда не приближался к ней, потому как имя Мое отпечатано в нем, как Мое свидетельство. Ведь Урия – это Ор-ия, свет Творца, а написано Урияу – Ор+и-я-у, то есть, Ор + (йуд-хэй-вав), без последней хэй, Малхут. И это говорит о том, что не использовал Малхут».

Видимо, Домэ хочет, как говорится, докопаться до истины и поэтому продолжает возражать Творцу. «Владыка мира, – обращается он к Творцу, – то, что открыто Тебе, не открыто Давиду. Ты об этом знаешь, но он-то нет. Почему же он смог пойти на такое?»

Ответил ему Творец: «Все, что делал Давид, было с Моего разрешения. Потому что ни один из уходящих на войну не уходит, пока не даст жене своей подписку о разводе». Сказал тогда Домэ, этот «ангел смерти»: **«Но если так…»**

Конечно, это не просто перепалка между настырным ангелом и Творцом, и конечно же, это не выяснение того, насколько морально или аморально прелюбодеяние с женщиной. Имеется в виду то, что происходит в каждом из нас: имеем ли мы право – в каком-то виде, в каком-то случае – заняться эгоистическим наполнением своего эгоистического желания?

Итак, говорит Творцу Домэ: **«Но если так, то Давид должен был ждать три месяца, а он не ждал». Ответил ему Творец: «Отсрочка нужна только для того, чтобы убедиться, не беременна ли женщина от прошлого мужа. Но раскрыто Мне, что Урия, ее муж, никогда не приближался к ней, потому как имя Мое** (Урия – свет Творца) **отпечатано в нем,** и потому этого не произошло».

В принципе, это абсолютно аллегорический рассказ. Что он утаивает от «непосвященных»?

Дело в том, что Малхут состоит из двух частей: высшей и нижней.

Высшая часть – абсолютно скрытая, тайная часть. Она называется «Урия».

Имя Урия означает «свет Творца»: ор – алеф-рейш, и две первых буквы имени Творца, АВАЯ – йуд-хэй. А то, что в его имени отсутствуют две последних буквы имени Творца – вав-хэй – говорит о том, что Урия не имеет непосредственного отношения к творению.

Вот это – как бы первый супруг Бат-Шевы.

Почему ее зовут Бат-Шева, то есть «производная от семи»? Потому что имеется в виду полная Малхут, состоящая из семи сфирот: Хесед, Гвура, Тиферет, Нецах, Ход, Есод, Малхут.

А кто же тогда «Давид»? – Имеется в виду только нижняя часть.

Итак, под воздействием света Творца, который называется «Урия», невеста подготавливается к тому, чтобы полностью раскрыться на своем следующем уровне, называемом «Давид». Поэтому Давид (одно из самых популярных имен в мире, кстати говоря, даже на сегодня) является как бы олицетворением всей Малхут.

134. Сказал Ему: «Владыка мира, это то, что я и сказал: если открыто Тебе, что Урия не лежал с ней, кто же раскрыл это Давиду? Обязан был ждать три месяца. А если скажешь, что знал Давид, что Урия не лежал с ней никогда, почему отослал его Давид к жене, сказав ему: "Спустись к дому своему и вымой ноги"»?

Смотрите, как упорен Домэ в своих претензиях к Давиду.

Сказал Ему тогда ангел смерти: **«Владыка мира, это то, что я и сказал: если открыто Тебе, что Урия не имел связи с Бат-Шевой** (потому что на уровне ХАГАТ свет не может войти в эти келим, в эти желания), **кто же раскрыл это Давиду? Он обязан был ждать три месяца** – ведь он же не знал об этом. **А если скажешь, что знал Давид, что Урия не лежал с ней** (то есть свет не вошел в Бат-Шеву), **почему же отослал его Давид к жене, сказав: "Спустись к дому своему и вымой ноги** (то есть части НЭХИ этого общего тела души)"»?

Своими, очень приземленными, что ли, аллегориями «Зоар» буквально «валит» нас в совсем другое понимание рассказа.

Обычно критики Торы приводят пример с этим «треугольником» и как доказательство не столь высоких моральных качеств Давида, и как образец непоследовательности суда Творца. Мы же обязаны помнить, что Тора – это описание духовных миров и их законов, не имеющих в нашем мире явных следствий. То, что происходит в нашем мире, есть следствие высшей причины, но то, что говорится о духовном мире, вовсе не обязано произойти в нашем мире.

Ни в коем случае нельзя читать Тору, как рассказ о нашем мире. На это существует прямой запрет: «Не сотвори себе идола».

135. Ответил ему: «Конечно, Давид не знал, но ждал более трех месяцев, потому что четыре месяца прошло. Как учили, 25-го числа месяца Нисан послал Давид приказ всему народу Израиля собираться на войну, Йоав (возглавил собравшееся войско) **7-го Нисана, покорили земли Моава и задержались в них четыре месяца, пока в месяц Элул был он у Бат-Шевы. А в Судный день простил ему Творец то прегрешение. А есть утверждающие, что 7-го числа месяца Адар послал сообщение, 15-го числа месяца Яар собралось**

войско, а 15-го числа месяца Элул был он у Бат-Шевы, а в Судный день был прощен Творцом и избавлен от наказания смертью в руках ангела Домэ».

Ответил ему Творец: «Конечно, Давид не знал, но ждал более трех месяцев, потому что четыре месяца прошло. Как учили мы, 25-го числа месяца Нисан послал Давид приказ…»

Короче говоря, все эти даты, все эти числа, сообщают нам о том, когда и каким образом произойдет постепенный переход света Творца, который наполнял высшие сфирот Малхут, в ее нижние сфирот, то есть – когда Давид начнет проявляться, как получающий этот Высший свет. Мы являемся как бы этим сосудом, который называется «Давид».

На этом, в принципе, «Зоар» заканчивает рассказ о словесной перепалке между Домэ и Творцом.

Но в чем проблема, в чем суть их спора?

Суть дела в том, каким образом раскроется свет, идущий от Урии к Давиду: раскроется ли он в виде ангела смерти, который называется «Домэ», то есть, раскроется ли он в эгоистическом получении; или он раскроется в альтруистическом получении.

Домэ – эгоизм человека – пытается найти хоть какую ни на есть лазейку, чтобы получить Высший свет, раскрытие Творца, эгоистически. И в итоге мы видим, что ни малейшего шанса на это нет. Все предначертано таким образом, что только лишь альтруистическим путем, исправив абсолютно все келим, мы приходим к получению, к раскрытию Творца внизу, в наших келим, которые называются «Давид».

139. И поэтому о деянии рук Его повествует небо. Это те товарищи, которые соединились в невесте, Малхут, своими занятиями Торой в ночь праздника Шавуот. И все они – участники союза с ней, называемые «деяния рук Его». А она восхваляет и записывает каждого. Что такое небо, небосвод? Это небосвод, на котором солнце, луна, звезды и знаки удачи (зодиака). Этот небосвод называется «памятная книга», и он повествует, записывает их, чтобы стали они сынами его зала, и выполняет все их желания.

И поэтому о деянии рук Его повествует небо. Это те товарищи, которые соединились в невесте, в Малхут, своими занятиями, исправлениями.

И все они – участники союза с ней, называемые «деяния рук Его». А она восхваляет и записывает каждого. Что такое небо, небосвод? Это небосвод, на котором солнце, луна, звезды и знаки зодиака.

Небосвод – это тот же экран, на котором записываются все действия, все исправления, и поэтому он называется «памятная книга». И на нем, на этом небосводе, и происходит свечение того света, который от него нисходит в Малхут.

До тех пор, пока люди не дойдут до такого состояния, что смогут получать свет Творца так, как Он уготовил каждому еще в замысле творения, управление будет происходить добром и злом – вознаграждением и наказанием. Если тот, кто получил «наказание», прилагает усилия не расстаться с верой в существование и управление Творца, то он получает вознаграждение – находит в себе эти силы. А если нет, если отказывается верить, что все, что происходит с ним, – происходит с определенной целью, то получает самое большое наказание в мире – ощущение отделенности от Творца.

В силу этого управления Творец дает нам возможность достичь полного исправления.

Но главное, что необходимо здесь подчеркнуть, – это то, что до конца исправления все развитие считалось, как «деяния наших рук», потому что за свою работу мы получали вознаграждение или наказание. И только в конце исправления раскроется, что все это – «деяние рук Его», что все это – действия Творца, что это Он совершил, совершает и будет совершать все деяния в творении.

140. День за днем принесет омэр (сноп). Святой день из этих дней (сфирот) царя (Зеир Анпина) прославляет товарищей, занимающихся Торой в ночь Шавуот, говорящих один другому: «День за днем принесет сноп», и славят его. А «ночь за ночью», то есть все ступени, сфирот Малхут, властвующие ночью, славят одна другую тем, что каждая получает от товарища, от другой сфиры. А от полного совершенства они все становятся друг другу любимыми товарищами.

Тот, кто работает в своих эгоистических желаниях, постоянно наполнен чувством собственного превосходства. Каждый день он дополняет к предыдущему, ничего, как ему кажется, не пропадает, и в этом причина невозможности его духовного роста. В то же время тому, кто действительно продвигается, кажется, что каждый раз он начинает свою работу заново. Ведь при переходе со ступени на ступень прошлое состояние-ступень пропадает, и пока он не постигнет следующую ступень, то находится в полной тьме.

Управление «добром и злом» вызывает в нас подъемы и падения, у каждого свои…

Каждый подъем ощущается, как начало пути к Творцу, к ощущению света, и поэтому считается, как отдельный день. Ведь есть перерыв между этими состояниями — ночь, и потому каждое падение считается, как отдельная ночь.

Об этом и говорит нам «Зоар»: **«День за днем принесет сноп»,** то есть каждый подъем приближает святой день — день, когда свет окажется в наших душах, в наших келим.

Ну, а **«ночь за ночью»**?

Состояние «ночь» – это чувство недостатка знания, постижения, это стремление познать Творца. И **славят одна другую тем**, что только соединяясь вместе, они образуют сосуд получения этого знания.

Иными словами: только благодаря товарищу ты получил свою часть знания Творца, ты получил ее как бы от своего товарища, вследствие соединения с ним.

А от полного совершенства, полученного всеми вместе, благодаря их объединению, стали все ночи любящими друг друга.

143. Потому как Зеир Анпин находится на тех небосводах и одевается в них, то он, как жених, выходит из-под своего свадебного полога (балдахина), и он весел и мчится по этим небосводам, и выходит из них, и входит и мчится к одной башне в другом месте. От одного конца неба выходит он, из Высшего мира, самого высшего места, то есть из Бины. А период его – где он? Это противоположное место внизу, то есть Малхут, которая является периодом года, образующая все окончания и связывающая все, от неба и до этого небосвода.

Это рассказ о тайне выхода солнца из своего укрытия.

Необходимо заметить, что в каббалистических книгах часто употребляется слово «тайна», и тут же автор вроде бы начинает раскрывать ее. Но читатель должен понимать, что в мире тайн нет – все постигается человеком в зависимости от той ступени, на которой он находится. Даже в нашем мире – по мере своего умственного развития – человек постигает все новые понятия, и то, что еще вчера было для него тайной, сегодня уже понятно и раскрыто перед ним.

Каббала называется тайным учением, потому что обычным людям оно не раскрыто. Но как только человек приобретает экран и начинает ощущать духовный мир, то все ощущаемое им из области тайны переходит в явное видение, понимание. И так до тех пор, пока полностью не перенесет все мироздание в свое явное постижение и тем самым постигнет все тайны Творца.

145. Шесть раз написано слово АВАЯ и шесть предложений, от «небо повествует» и до «Тора Творца совершенна», в Теилим. И эта тайна слова «берешит», состоящего из шести букв. «Сотворил Творец

эт (предлог) небо и землю» – всего шесть слов. Остальные источники – предложения от «Тора Творца совершенна» и до «лучше золота они», соответственно против шести раз сказанного в них имени

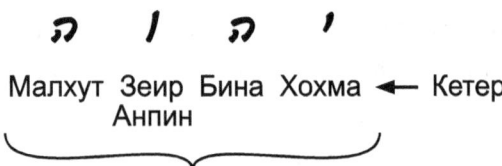

АВАЯ: источники от «небо повествует» до «Тора Творца совершенна» – они для шести букв слова «берешит», а шесть имен – они для шести слов от «сотворил Творец» и до «небо и землю».

АВАЯ (йуд-хэй-вав-хэй) – сами по себе эти буквы ничего не значат. Это не слово – это: Хохма, Бина, Зеир Анпин и Малхут. А Кетер, который образует их, – он находится как бы вне их.

Это четырехбуквенное имя – оно просто четырехступенчатое создание, кли, потому что кли состоит из четырех ступеней авиюта – это неживая, растительная, животная и человеческая природы. Так вот, кли, которое создалось постепенным развитием эгоизма, оно и является «святым именем» Творца.

Свет, который может войти внутрь кли, зависит от экрана. О том, сколько света вошло в кли, говорит отраженный свет. Чем больше отраженный свет, тем больший свет вошел внутрь кли.

Состояние «ночь невесты» – это состояние, когда весь Высший свет полностью заполняет все творение, то есть Хохма, Бина, Зеир Анпин и Малхут, эти полностью исправленные желания, наполняются Высшим светом. И тогда это желание, плюс наполнение, и образуют настоящее имя Творца, то есть Его полное проявление, постижение, ощущение творением.

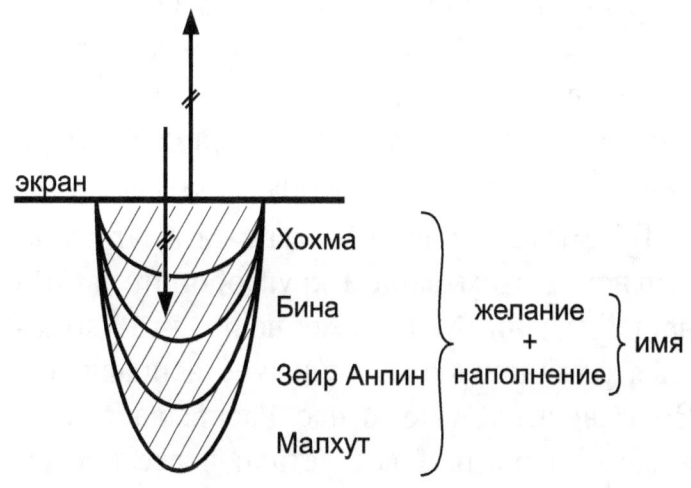

Именно это называется «имя». Почему? Потому что ни у какого явления в нашем мире нет своего названия, — то, как мы его ощущаем, так мы о нем и говорим. Поэтому, когда говорится о нашем постижении Творца, то это говорится только относительно субъективного постижения творения.

На этом, в принципе, и заканчивается статья, называемая «Ночь невесты». Есть еще несколько дополнений, но они несущественны.

То есть мы в нашем длинном — и духовном, и земном — историческом развитии приходим к состоянию, когда должны полностью исправить себя, подготовить наше общее желание к тому, чтобы вобрать в себя всю энергию, всю информацию, все знание, всю мощь, всю любовь, всю связь, все наслаждение, вечность, совершенство мироздания. Это состояние называется слиянием творения с Творцом или свадебным обрядом.

Будем надеяться, что мы с вами этого достигнем в этом нашем кругообороте, в этой нашей жизни. Мы — именно те, кто удостоился совершить это последнее исправление. Все зависит только от нас. Раскрылась книга «Зоар», даны нам все детали и все инструменты для совершения этого исправления, и значит, мы с вами в состоянии это совершить.

Мы и сейчас находимся в мире Бесконечности, мы действуем в нем. Но во время скрытия нам не раскрывают, что именно мы делаем, и потому все это относительно по сравнению с тем, что раскрывается. Но мы находимся в той же связи между душами – скрытие только на нас. Мы пребываем в мире Бесконечности, но ощущаем его за «пятью замками». Мир Бесконечности, ощущаемый в нас, называется этим миром.

В период подготовки мы работаем против скрытия, называемого этим миром, желаем достичь связи, исправления, раскрытия – и выясняется, что не способны на это. Но мы продолжаем прикладывать усилия. Когда наши усилия достигают полной меры, они обращаются в крик. Я требую, чтобы пришел свет свыше и исправил меня. Тогда мне раскрывается состояние, в котором я был прежде, – словно зажгли маленькую свечу в огромной комнате – это мир Асия.

Поэтому ты действуешь в том же мире, с теми же силами, с теми же желаниями, только тебе раскрывают больше – в той мере, в которой ты сейчас способен больше работать с ними. Ничего, из бывшего прежде, не исчезает. Ты только каждый раз добавляешь силу преодоления – и так идешь.

Раскрытие – это состояние, в котором предыдущее скрытие уже не мешает тебе. Ты получил такие силы, что ориентируешься в том же скрытии, несмотря на то, что оно существует. Это значит, что ты поднялся над ним. И тогда тебе раскрывают еще большую тяжесть, и с ней ты тоже можешь быть в связи.

Чем выше ты поднимаешься по ступеням, тем больше становится скрытие. Разница только в том, что после первой ступени, называемой «махсом», ты уже знаешь, как подняться над этим скрытием, как работать с ним. И ты принимаешь его. Ведь запрещено отменять скрытие, иначе произойдет короткое замыкание между светом и желанием.

Небо и земля
(п.п. 151 – 159)

Самое главное для нас – это не просто слышать о том, что есть такая наука, как каббала, слышать о том, что существует Творец, Высшая сила, не теоретически знать об этом, а постигнуть практически. Наука каббала – это практическое раскрытие Творца человеку в этом мире, и этого нельзя забывать. Ни в коем случае нельзя свыкаться с тем, что мы можем и дальше продолжать жить в надежде на то, что все произойдет само собой, в назначенный срок. Мы обязаны настоятельно пытаться развить в себе желание к немедленному раскрытию Творца, непременному, сейчас.

Достичь этого мы можем только из жесткого, бескомпромиссного устремления к связи между собой. Но как только мы будем пытаться соединиться, то обнаружим, что мы этого не желаем, мы обнаружим, что мы этого не хотим, мы обнаружим, что мы готовы на все, только не на это. Мы обнаружим эгоистическое свойство притяжения каждого только лишь к самому себе. Мы обнаружим такую страшную ненависть друг к другу, которая будет называться «гора Синай» («сина» в переводе – ненависть).

Мы обязаны все это преодолеть. Мы обязаны соединиться, проникнуться нашим взаимным желанием, чтобы в результате в каждом из нас возникло требование к раскрытию Творца.

У каждого из нас есть всего лишь точка в сердце – очень маленькое желание к Высшему миру. Для того чтобы раскрыть его, нужен огромный потенциал, сила, которая раздвинет наше желание, даст вход свету. Эту силу мы можем получить только от окружающих нас товарищей.

Итак, статья.

151. Открыл рабби Шимон и сказал: «"В начале сотворил Творец небо и землю". Необходимо посмотреть в сказанное, потому что каждый, утверждающий, что есть другой Творец, исчезает из мира. Как сказано: "Утверждающий, что есть другой Творец, исчезает как с земли, так и с неба, потому что нет иного Творца, кроме Всевышнего"».

Как говорит **рабби Шимон**: «"**В начале сотворил Творец небо и землю**".

Ничего больше и нет, кроме неба и земли. Небом является свойство Творца, свойство Бины – свойство полной отдачи. А землей называется наше свойство, свойство творения – желание получать.

И продолжает: **Необходимо всмотреться в сказанное, потому что каждый, утверждающий, что есть** также **другой Творец**...

«Другой» – имеется в виду свойство, полностью противоположное свойству Творца, свойству абсолютной любви и отдачи, – то есть наше эгоистическое свойство, свойство получения, которое якобы действительно влияет на то, что происходит в мире.

...он **исчезает** из этого **мира. Как сказано: "Утверждающий, что есть другой Творец, исчезает как с земли, так и с неба, потому что нет иного Творца, кроме Всевышнего"** (то есть выше нас, выше нашего эгоизма)».

Каждое слово в каббале несет в себе очень серьезную внутреннюю смысловую нагрузку, и поэтому неправильное истолкование любого из них может принести непоправимый вред.

Итак, небо – это Бина, земля – это Малхут, и существует только одна сила – Творец, которая управляет и небом, и землей – и свойством отдачи, и свойством получения. И между ними, между небом и землей, и находимся мы с вами.

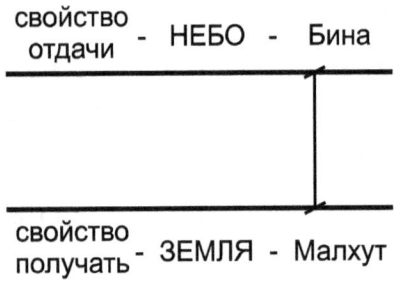

Творец проявляет себя через качество отдачи, которое мы, относительно качества получения в нас, свойства получения в нас, называем небом. И действительно, если мы увидим проекцию Высших сил на низшие, то каждая из Высших сил, называемая ангелом (это просто сила, как сила притяжения, как другие силы природы), строит в нашем мире, то есть в нашем восприятии, во мне – как вектор на экране компьютера –

строит определенную картину. Так вот, картина этой силы Творца во мне рисует мне небо. Такое ощущение.

Что же мы предпочитаем? Как мы можем свойства Малхут соединить со свойствами Бины, и таким образом вырастить себя, то есть взрастить в себе абсолютно цельное желание?

«В начале сотворил Творец небо и землю» – то есть изначально, с помощью этих двух сил, создана вся система мироздания, и эти две силы – противоположные и равные между собой – поддерживают все мироздание. Поэтому, если мы рассматриваем эти силы по их качествам, по их свойствам, то лучше всего отнестись к ним не как к верхней и нижней относительно друг друга, а как (что мы обычно и делаем) к правой и левой линиям.

Левая линия – это земля, свойство получать, правая линия – это небо, свойство отдавать. Между ними находится человек – мы, которые должны постоянно вбирать в себя оба эти свойства в определенном порядке: сначала свойство отдачи, чтобы оно восторжествовало над нашим эгоизмом, потом – в той мере, в которой мы овладеваем свойством отдачи, – мы должны привлечь к себе свойство получения и создать на этой основе среднюю линию.

Вот эта средняя линия, которая представляет собой комбинацию из свойств получения и отдачи (в какой-то определенной пропорции между ними), она и называется «человек». То есть человек – это не прямоходящее создание, заполонившее Земной шар. Человеком называется свойство, которое создаем мы в себе, исходя из нашей точки в сердце, расширяя, развивая ее, вплоть до состояния, когда она включает в себя – если мы берем в идеале, в конце нашего развития – и небо и землю, и соединяет все в себе.

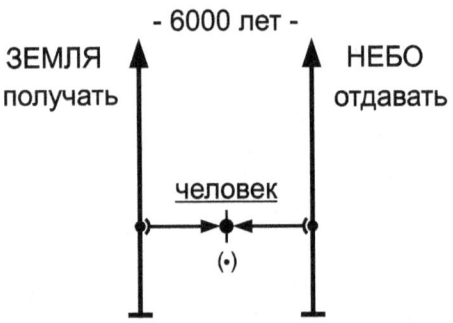

Так вот, эта статья говорит нам о том, каким образом мы это делаем, какие этапы мы должны пройти, какие причинно-следственные действия мы должны произвести. И все эти этапы мы должны пройти – от самого первого этапа и до самого последнего – за шесть тысяч лет нашего существования. Наше существование – имеется в виду наше ощущение этого мира, который после этого исчезает из нашего ощущения.

Что это значит?

Мир, который мы ощущаем, рисуется нам на экране, расположенном в задней части нашего мозга. Это изображение создается пятью нашими органами чувств – пятью свойствами.

Пять наших свойств – якобы зрение, якобы слух, якобы обоняние, якобы вкус, якобы осязание – это все на самом деле только лишь наши внутренние ощущения. Назовем их: Кетер, Хохма, Бина, Зеир Анпин, Малхут. На уровне нашего мира они воспринимаются нами, как физиологические органы, с помощью которых мы получаем информацию извне. На самом же деле вся эта информация находится внутри нас.

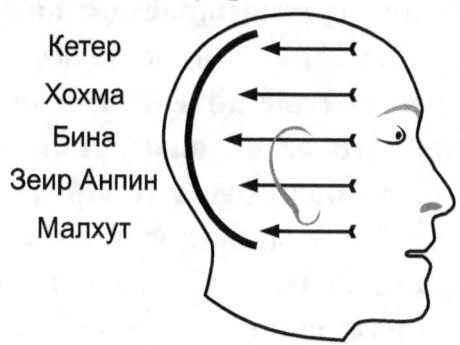

Поэтому наша первоочередная задача состоит в том, чтобы достичь понимания того, что вся реальность находится внутри нас. И только после того, как мы достигаем такого восприятия, осознаем свою, что ли, закрытость, только после этого нам дается возможность выйти из себя и начать ощущать мир вне себя. Это состояние называется «уровень шести тысяч лет». Это не шесть тысяч астрономических лет, на самом деле может быть и меньше, – это только название.

Так вот, после достижения полного исправления мы уже не ощущаем этот мир в себе, как ощущаем его сегодня, а ощущаем уже в другом измерении. Полное исправление, то есть правильное соединение свойств неба – Бины, и свойств земли – Малхут, порождает имя Творца – Элоким.

152. Все, кроме слова «ЭЛЕ», сказано на языке арамит, называемом «перевод». Спрашивает: «Но если скажешь, что это потому, что святые ангелы не понимают "перевода", то есть арамейского языка, то ведь тогда надо было говорить всё на иврите, чтобы слышали святые ангелы и благодарили за это»? Отвечает: «Именно поэтому и написано "в переводе", то есть

на арамейском, потому что святые ангелы не слышат, не понимают его, и поэтому не будут завидовать людям, что во вред последним. Потому что в этом случае и святые ангелы называются "творцы", и они в группе творцов, но они не создали небо и землю».

Все, кроме слова «ЭЛЕ», сказано на языке арамит…

Мы знаем, что есть язык иврит, и обратный ему язык – арамит.

Когда мы раскрываем, допустим, книгу «Зоар» или другие каббалистические книги, пришедшие к нам еще из Древнего Вавилона, то видим, что часть текстов написана на арамите, и часть – на иврите. В чем смысл этого?

Если скажешь, что это потому, что святые ангелы (то есть силы отдачи) **не понимают «перевода», то есть арамейского языка, то ведь тогда надо было бы говорить всё на иврите, чтобы слышали эти силы и благодарили за это?**

Мы, в своем сегодняшнем состоянии, находимся между двумя системами сил – эгоистическими и альтруистическими. Они определяют все наши мысли, поступки, и человек, что называется, разрывается между ними, не знает, что делать... Нам только кажется, что мы хотим то одного, то другого. На самом деле это не так – это результат воздействия на нас этих сил.

Так вот, языки иврит и арамит – это на самом деле компьютерные программы, которые управляют, соответственно, системой сил отдачи (МИ) и системой сил получения (ЭЛЕ). Существуют всего лишь две системы сил, огромные, мощные, вечные, всё в себя включающие, и между ними находимся мы – маленькие, полностью управляемые ими.

При этом необходимо отметить, что программа, управляющая силами получения, не имеет прямой связи с самим желанием получать. Получив в свое подчинение желание получать, она загонит нас в такой эгоизм, из которого мы никогда не выберемся.

И иврит, и арамит – в принципе, два равноценных языка. Оба они пришли к нам из Древнего Вавилона. Например, «Книга Создания» Авраама написана, в основном, на иврите. Есть там термины и на арамите, и это в соответствии с тем, что он описывает. Для изображения сил отдачи, свойств отдачи, движения вперед, используется иврит;

для изображения противоположных свойств и действий – арамит.

Именно поэтому часто встречаются в каббале тексты, написанные на арамите, **потому что святые ангелы** (силы отдачи, которые властвуют над нами), **не понимают его, и поэтому не будут завидовать**, то есть не будут мешать проявлять свободу воли **людям**, то есть тем, кто в отличие от них (ангелов) понимает оба этих языка – то есть имеет возможность использовать оба этих свойства.

Потому что в этом случае, также и **в группе творцов** (то есть в группе этих сил), не было бы возможности постоянно создавать новые **небо и землю.**

Дело в том, что есть высшая система, высший парцуф, который называется Бина, или Элоким. Бина разделяется на две части: верхняя – Гальгальта Эйнаим, или МИ; и нижняя – АХАП, или ЭЛЕ.

Под Биной находится устройство, которое называется Зеир Анпин. Он тоже делится на две части, и своей верхней частью «одевается» на нижнюю половину Бины.

Под Зеир Анпином находится Малхут – души.

Малхут относительно Зеир Анпина может находиться в трех состояниях:

– состояние 1 – Малхут всего лишь точка, зародыш;

– состояние 2 – Малхут своей верхней половиной «одевается» на нижнюю половину Зеир Анпина;

– состояние 3 – Малхут полностью «одевается» на Зеир Анпин и получает в таком случае имя Элоким, как и сам Творец, потому что перенимает от Него все Его свойства.

Я предлагаю читателю попробовать самостоятельно прокомментировать «Зоар», а затем сравнить свои мысли с нижесказанным. Таким образом мы, может быть, поймем то, что сделал для нас Бааль Сулам своими комментариями. До появления его комментариев на книги АРИ и на книгу «Зоар» не было никакой возможности правильно понять каббалу, и только единицы в каждом поколении могли самостоятельно подниматься по ступеням духовной лестницы.

Я же уверяю читателя, что просто постоянным чтением даже моих книг, не говоря уже о сочинениях великих каббалистов – Бааль Сулама и его старшего сына, моего рава, Баруха Ашлага, – любой из читателей имеет возможность достичь восхождения к Творцу. Мне думается, что те, кто уже читал предыдущие книги, поняли, что это действительно возможно!

153. Спрашивает: «Земля названа словом "арка", но ведь надо было сказать "аръа"»? Отвечает: «Потому что Арка – это одна из семи стран внизу, в которой находятся сыновья сыновей Каина. Ведь после того, как были они изгнаны с лица земли, спустились туда и родили поколения, знание запуталось настолько, что прекратилось понимание. И это двойная страна, то есть состоящая из света и тьмы».

Земля называется словом «арка», но называется также и словом «аръа». **Арка – это одна из семи стран внизу, в которой находятся сыновья Каина** (Каин, как мы уже знаем, – это свойство земли). **Ведь после того, как они были изгнаны с лица земли, опустились туда и родили поколения, знание запуталось настолько, что прекратилось понимание. И это двойная страна, состоящая из света и тьмы.** Но, в принципе, вся она находится во тьме.

«Зоар» рассказывает о том, что находится «под землей».

Творец создал небо и землю, и между ними – небом и землей – находятся Зеир Анпин и Малхут. Сюда же поднимаются души, для того чтобы получить свет.

Земля – в том качестве, в котором мы ее сейчас рассматриваем – это просто внешняя оболочка, парса, ниже которой Высший свет не проходит. Поэтому души, для того чтобы получить Высший свет, и должны подняться над ней.

Ниже этого уровня находятся еще семь стран, семь слоев, называемых: Эрэц, Адама, Арка, Гиа, Нэшия, Ция, Тэвэль. Арка – это третья из семи стран, место нахождения «нечистых» сил.

Почему именно семь стран? Потому что любой духовный парцуф, любая духовная сила состоит, как мы знаем, из семи частей: Хесед, Гвура, Тиферет, Нецах, Ход, Есод, Малхут. Эти семь стран, семь уровней, – это семь уровней нашего эгоистического желания, которое называется «земля». Эрэц – земля, от слова «рацон» – желание.

Земля, включающая в себя духовные свойства, – это благодатная, плодоносная земля. В противном случае она уже не считается землей, а считается прахом.

154. И есть там два управляющих властителя: один над тьмой и один над светом. И становятся враждебными друг другу. Когда низошел Каин туда, соединились все и дополнились всем. И видели все, что они потомство Каина. Поэтому две головы их – как две змеи, кроме того времени, когда управляющий светом побеждает другого – управляющего тьмой. Поэтому включаются они в свет, включаются в тьму и становятся, как один.

И есть там два управляющих властителя (во всех этих слоях): **один над тьмой и один над светом. И становятся** они **враждебными друг другу. Когда низошел туда Каин** (это наше свойство; ни в коем случае не думать о каком-то человеке, о спелеологе, спускающемся в пещеру), **соединились все** эти свойства земли **и дополнились** друг другом. **И видели все, что они потомство Каина. Поэтому две головы их – как две змеи,** управляющие тьмой и светом, где каждая поочередно **побеждает** друг друга.

Поэтому включаются они в свет, включаются в тьму и становятся, как один.

Речь идет о человеке, который достигает такого состояния, когда включает в себя и небо, и землю, – все свои свойства отдачи, все свои свойства получения – и таким образом становится равным Творцу.

Этот процесс мы можем изобразить следующим образом.

От Творца к нам нисходят две силы. Соединяя их между собой, мы поднимаем нашу точку в сердце, пока она не достигнет уровня Творца. Наше земное тело во внимание не принимается, оно остается здесь, в нашем мире. Подъем, который мы производим, он и называется управлением с помощью средней линии.

Наше продвижение основано на том, что включая в свою духовную работу вот эти «семь земель», то есть семь слоев нашего духовного желания, мы поднимаем их до уровня Творца. Таким образом, мы строим в себе душу, духовный сосуд, в семи частях которого (Хесед, Гвура, Тиферет, Нецах, Ход, Есод, Малхут) мы начинаем ощущать Высший мир.

Открываем Зоар

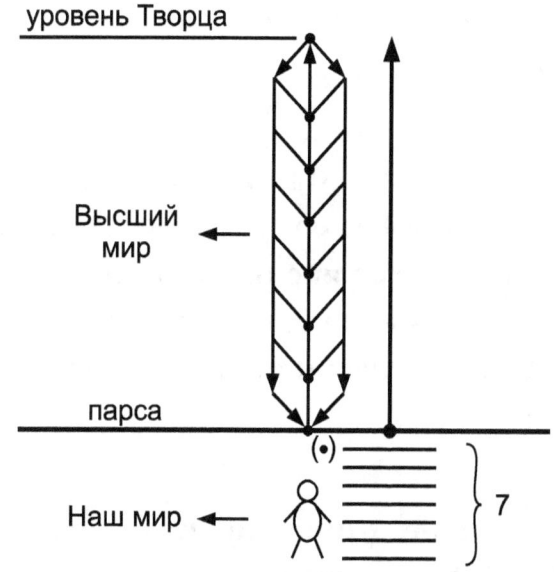

В этом цикле уроков передо мной возникла проблема: говорить как можно понятнее о совершенно непонятных нам вещах. Вот так вот, взять «Зоар», раскрыть его... Абсолютно чуждые нам термины, события, которые только запутывают нас, ассоциации с самыми низменными проблемами человека...

Я это все понимаю. Но дело в том, что, как мы с вами не раз уже говорили, книга написана не для того, чтобы ее понимать, абсолютно не для этого. Она написана для того, чтобы извлекать из нее Высший свет, пытаться каким-то образом втянуть его в себя. В таком случае, действительно, она выполняет свою роль.

155. Потому что эти двое управляющих, называемые Африра и Кастимон, имеют вид святых ангелов с шестью крыльями. Один из них в виде быка, второй – в виде орла. А когда соединяются – создают вид человека.

…эти двое управляющих, называемые Африра и Кастимон (это женская и мужская части нашего исконного желания), **имеют вид святых ангелов с шестью крыльями.**

Шесть крыльев – имеются в виду шесть высших свойств: Хесед, Гвура, Тиферет, Нецах, Ход, Есод.

Все они опираются на Малхут, которая, начиная подниматься (Малхут – это собрание душ, стремящихся к свету), поднимает и их, вплоть до самого высшего уровня, где все эти семь свойств соединяются воедино и, тем самым, создают вид человека.

В этом суть того, что говорит в этом пункте «Зоар».

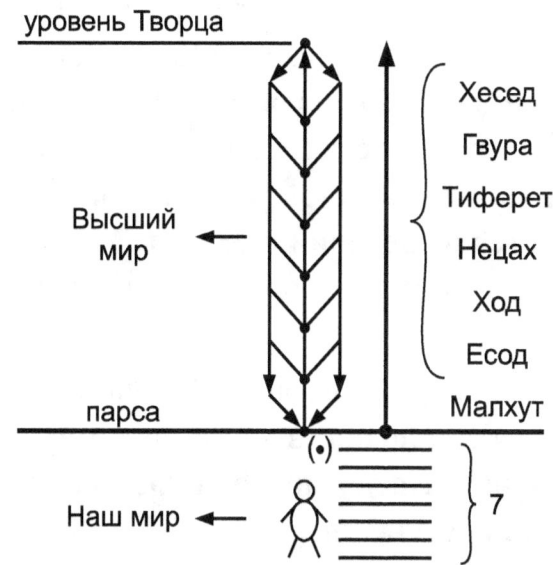

Что касается Африра и Кастимона, то, откровенно говоря, о них очень мало сказано, и мне нечего добавить. Есть еще места в «Зоаре», которые мы с вами будем проходить. Там о них сказано подробней.

156. Когда во тьме – они оборачиваются в змея с двумя головами. И передвигаются, как змей. И парят в пустоте, и моются в большом море. А когда приближаются к цепи Азы и Азаэля, сердят их, пробуждают их, и они прыгают в горах тьмы и думают, что Творец желает привлечь их к суду.

Когда во тьме, то есть когда властвует мужская часть, называемая Кастимон, – **они оборачиваются в змея с двумя головами,** потому что мужская часть не в состоянии аннулировать власть женской части, ибо нуждается в одевании в ее свет. **И передвигаются, как змей** – идут вредить, это свойство змея.

Парят в пустоте (они уже начинают подниматься), **моются в большом море** (это уже Бина). **Когда приближаются** они **к цепи Азы и Азаэля**…

Аза и Азаэль впервые предстают перед нами. Кто же они?

Ангелы Аза и Азаэль – очень «высокие» ангелы. Ведь даже после их падения с неба в наш мир, в горы тьмы, где они были связаны металлической цепью, настолько была всё же велика их сила, что с их помощью достигал Билам ступени пророчества, о которой сказали наши мудрецы: «Не было более такого пророка в Израиле, как Моше, а среди народов мира был, и имя его – Билам».

А причина падения их с неба на землю – в их жалобах на человека. Но ведь многие ангелы жаловались и возражали, тогда почему же сбросил Творец только этих двух?

Ответ вкратце состоит в том, что после того, как человек был создан и прегрешил, стал виновен пред Творцом, предстали пред Творцом ангелы Аза и Азаэль и заявили, что есть у них обвинения на человека, «потому что человек, которого создал Ты, прегрешил перед Тобой». За такие слова Творец сбросил обоих с их высокой святой ступени, – то есть «нечистая» сила присосалась к этим двум ангелам, связав их, как железными цепями, своими желаниями. Эти желания повергли их в состояние, которые характеризуется как их нахождение в горах тьмы, из которых они уже не могут подняться до всеобщего исправления.

В духовных мирах нет мест, нет отдела «чистого» и нет отдела «нечистого». Но мы, для наглядности передачи информации, представляем получение более низких свойств – падением, получение более духовных свойств – подъемом, достижение подобия свойств – соединением, выделение нового свойства – отделением. Появление в духовном объекте эгоистических желаний называется его падением в «нечистые» силы, хотя эти «нечистые» силы находятся в нем самом, а не он в них, и только больше проявляют себя. Вокруг человека нет ничего – всё внутри, все миры, все желания, как «чистые», так и «нечистые».

Изучая каббалу, мы вызываем на себя излучение окружающего света, и он создает в нас желание исправиться. А выйдя на ступени духовных миров, человек начинает ощущать соответствующий каждой ступени духовный свет, при помощи которого он начинает видеть в каждом своем свойстве эгоистическую и альтруистическую части.

Эгоистическую свою часть – по сравнению со светом – он ощущает как зло для себя, и в мере этого ощущения отдаляется от нее, отказывается использовать эти желания.

Альтруистические желания он воспринимает как хорошие для себя, но поскольку не имеет для их использования сил, просит об этом, получает силы, принимает свет ради Творца, и таким образом поднимается на более высокую ступень, где этот процесс повторяется.

157. И эти двое, поставленные Творцом управляющие, плавают в большом море, взлетают из него и идут ночью к Наама, матери ведьм, которой ошибочно

увлеклись первые люди, и думают приблизиться к ней. И она прыгает на 60 000 парсаот и принимает несколько различных обличий, дабы ввести людей в заблуждение и увлечь их.**

Эти двое (Аза и Азаэль), **поставленные Творцом управляющие, плавают в большом море** Бины, **взлетают из него** в воздух (воздухом является свойство Хасадим, выше Бины, в котором отсутствует свет Хохма) **и идут ночью** (то есть тогда, когда светит только свет Хохма, без света Хасадим, и тогда человек ничего не видит, потому что его эгоистические желания заслоняют от него все окружающее) **к Наама**...

Эта Наама – мать ведьм. Женские эгоистические силы называются ведьмами. Отсюда, естественно, и вся эта мифология, которая так широко распространилась во всех народах еще с тех пор.

...к Наама, матери ведьм, которой ошибочно увлеклись первые люди...

То есть тогда, когда человек начинает развиваться духовно, имеемся в виду даже мы с вами, у него появляются всевозможные, очень искаженные, представления о Высшем мире. И это продолжается до тех пор, пока мы не преодолеваем этап, который характеризуется тем, что эта Наама,

...она прыгает (то есть наше желание рывком меняется) **на 60 000 парсаот и принимает несколько различных обличий, дабы ввести людей в заблуждение и увлечь их** за собой.

На самом деле этим она отрывает человека от его эгоизма, поднимает вверх и бросает его. Мы это ощущаем в наших внутренних состояниях.

158. Эти два управляющих парят во всем мире и возвращаются на свои места. И они возбуждают сыновей сынов Каина, духом плохих желаний, плодить потомство.

То есть человек, в итоге, продолжает эгоистически развиваться.

В принципе, мы должны с вами понять, что все развитие, которое мы сейчас проходим в нашем мире, происходит под воздействием света, и этот свет – в противоположность своему свойству абсолютной отдачи – способствует развитию эгоизма.

Ведь смотрите, мы вышли из Древнего Вавилона, разбрелись по всей земле только для того, чтобы ту идею, которая в Древнем Вавилоне раскрылась человечеству – мы должны объединиться в одно единое целое – чтобы эту идею претворить в жизнь. В Вавилоне мы этого сделать не могли – был недостаточный эгоизм. Значит, все развитие, которое мы сейчас проходим, – это только лишь наше эгоистическое развитие, которое, ну, просто необходимо. Мы должны достичь состояния, когда убедимся, что наша абсолютно эгоистическая природа, она нас убивает.

Вот эта Наама, эти ведьмы, сыновья сыновей Каина, которые плодят потомство, и всё прочее – это аллегорический рассказ, или, можно сказать, инструкция (в «Зоаре» приводятся математические выкладки, технические детали), как мы должны прийти к тому, чтобы обнаружить в себе абсолютно законченный эгоизм в абсолютно конечной форме, в абсолютно конечном состоянии, когда нам двигаться больше некуда.

К этому, как ни странно, нас приводят религии. Начиная с Древнего Вавилона, а особенно с крушения Храмов две тысячи лет назад, они и развились.

В чем особенность религиозного развития человека? Он требует абсолютно всё вознаграждение, как в этом, так и в будущем мире, интенсивно развивая, таким образом, свой эгоизм. Его уже интересует не просто такое серенькое, животное существование в этом мире. Религия сулит ему нечто большее: «Притягивай Высший свет, совершай добрые дела. Это для твоего блага, потому что тогда тебе будет хорошо и в этом мире, и в мире загробном». На этом, в принципе, построены все религии.

Или, например, фараоны. Не успев взойти на престол, они начинали сооружать себе гробницы, чтобы после смерти устроиться как можно более комфортнее. Брали с собой и любимых жен, и свою челядь (и тех, и других попросту убивали), самую дорогую утварь и так далее.

Все эти обычаи, верования, религии были специально «спущены» в человечество, для того чтобы сделать из нас более эгоистичных людей, поставить нас в какую-то связь якобы с высшими силами, а затем разочаровать нас в этом. И тогда у человека появляется настоятельная потребность выяснить, что же ему дальше делать с этим его устремлением вверх. Это и называется «злое желание».

Сказано: «Я создал в вас злое желание и дал свет для его исправления». Значит, после того как человечество разочаруется во всех своих злых побуждениях, началах, оно востребует Высший свет для своего исправления.

Все мы включаемся вместе в одно единое целое, и каждый представляет собой абсолютно цельное создание, и Вавилон этот – весь внутри меня. Я должен его исследовать, увидеть в нем все свои свойства, все свои качества, силы. И всё это представляет собой как бы человечество во мне. А то, что я представляю вне себя – человечество, народы, страны, континенты и вообще всю Вселенную – это как бы проекция меня самого наружу. Это кажущееся мне существование.

Сколько лет назад каббалисты писали о том, о чем сегодня ученые говорят, как о последних достижениях науки: весь мир существует только внутри нас, мы его формируем в себе, мы его воспроизводим в себе, а вне нас нет ничего – только Высший свет, условно, так сказать, существует вне нас.

Мы все исходим из того состояния в нас, которое называется «Древний Вавилон».

159. Небеса, которые властвуют там, будто не наши небеса, и земля не рождает силой неба семя и хлеб, как наша, и зёрна не возвращаются к прорастанию, как только раз в несколько лет. Потому сказано о них, что они не смогли исправить Шмая и Арка, и пропали с высшей земли, называемой Тэвэль, в которой не смогут властвовать и находиться, и не будут вызывать людей к прегрешению вследствие ночи. А потому исчезли с Арка и с пространства Шмая, созданного именем ЭЛЕ.

Здесь «Зоар» вновь говорит о двух управляющих, Африроне и Кастимоне, которые не смогли исправить Шмая и Арка, чтобы эти земли смогли плодоносить. Поэтому-то они пропали с нашей земли, Тэвэль, потому что склоняли людей к прегрешению, что является проклятием, висящим над Арка вследствие их властвования там.

«Зоар» заканчивает эту статью, еще раз объясняя нам, что существует иврит, с помощью которого развивается свойство МИ, что существует арамит, с помощью которого развивается ЭЛЕ, и что в результате такого развития, то есть с помощью «нечистых» сил, человечество приходит к такому состоянию, когда готово поднять руки и изменить себя даже на отдачу, только чтобы не остаться в абсолютной пустоте, и начать ощущать не пустоту внутри себя, а мир вне нас.

В этом, в общем-то, и состоит краткое изложение статьи «Небо и Земля».

Изначально мы были созданы Творцом в мире Бесконечности. Мы были точками и не чувствовали своего существования. Как капля семени – она не чувствует, что она сотворена и что она, вообще, имеет какую-то самостоятельность. А затем мы опускаемся на уровень нашего мира, где мы совершенно разъединены, и откуда мы должны подняться в состояние, подобное первоначальному. Мы вновь должны соединиться, но самостоятельными, осознанными действиями.

Когда мы начинаем этот процесс, начинаем, как бы, сотворять мир Бесконечности, создавая своими силами связи между собой, – мы проходим различные этапы, страшнейшие метаморфозы. От ненависти (это первоначальный этап) мы приходим к необходимости в соединении, и здесь возникает понимание того, что самостоятельно мы сделать этого не можем. Нам необходима помощь Высшей силы, то есть потребность в свете. Под воздействием света мы начинаем соединяться, приходим к единению, взаимному поручительству, и из этого состояния начинаем ощущать свойства Творца.

Все эти этапы проходят достаточно быстро... Самое главное, самое трудное – это первый контакт с Творцом. Но пройдя все эти этапы, мы не аннулируемся, – мы становимся абсолютно равными Творцу, то есть вечными, совершенными, в полном познании Его Самого.

Практически, этот подъем – это ощущение себя между двумя огромнейшими системами, положительной и отрицательной, когда человек начинает наконец-то понимать, что существует очень узенькая, точно проложенная тропинка, по которой он только и может пройти этот путь. Человек не может сойти с этой тропинки ни вправо, ни влево, он не может удрать ни от одной из этих сил, – он обязан правильно их соотнести, сформировать в себе, и тем самым он в действительности проложит свою тропинку к Творцу.

Нам кажется, что мы существуем в ужасном мире, что Творец постоянно «насылает» на нас всяческие проблемы: коварство, всевозможные насильственные действия, болезни и, в итоге... На самом деле Творец желает привести нас таким образом к осознанию зла, показать, что если ты хочешь увидеть свой истинный мир, то должен измениться.

Тогда ты перестанешь вынуждать Творца относиться к тебе подобным образом, тогда и иврит, и арамит, и ЭЛЕ, и МИ — все эти различные, противоположные свойства, которые ввергают нас во все эти неурядицы, они все предстанут перед нами в прекрасной гармонии. Как сказано: «И тьма будет светить, как свет». Но для этого нам надо все-таки познать тьму. А тьма познается свойствами света.

То есть, если мы сейчас начнем серьезно изучать каббалу и притягивать к себе Высший свет, то нам раскроется все равно тьма, но эта тьма раскроется уже в свете. Мы уже будем знать, для чего она раскрывается, будем знать ее смысл, мы даже будем ее приветствовать. Ведь имен-

но благодаря ей – вот как с помощью соли, перца, всевозможных несъедобных, вроде бы очень неприятных приправ, мы придаем вкус пище – так и здесь: должна раскрыться вся тьма, и на контрасте между светом и тьмой раскроются все свойства Творца, и ты сможешь сам интегрировать их в себе.

Заповедь первая
(п.п. 189 – 197)

Забывчивость – самое лучшее свойство человека, иначе он бы не смог менять свои состояния. Ведь если желание меняется, то меняется и разум, его обслуживающий. Память действует механически и относится только к соответствующему ему желанию. А если мы должны менять желание с получения на отдачу, то наша память должна очиститься и начать обслуживать новые свойства-желания.

Поэтому не надо заботиться о запоминании учебного материала – надо беспокоиться только о его ощущении, о том, чтобы на основе этого ощущения росло желание отдачи. Надо беспокоиться только об ощущениях. Не волнуйтесь – рядом с ощущением всегда разовьется разум, для того чтобы обслуживать чувства. Так мы устроены природой. Поэтому сказано, что «не умом учатся».

Каббала не постигается через разум, через количество знаний. Сердце понимает. И если человек забывает услышанное на уроке, если чувствует, что материал исчезает по мере продвижения – столько учился, тысячу раз об этом слышал, и так и не понял! – это знак правильного продвижения. Значит, он требует изменения своего желания, требует исправления, а не просто механически наполняет себя знаниями.

Поэтому человек должен очень внимательно относиться к тому, что он требует от учебы, какие изменения в себе хочет увидеть. И если он хочет стать понимающим и умным, что называется «больше рассуждать, чем делать», когда он получает больше знаний, чем исправлений (ведь действие – это исправление), то это большая ошибка.

Итак, «Зоар», статья «Заповедь первая».

Всего лишь одно-единственное заповедано творению: самостоятельно поднять себя до уровня Творца, но, конечно, с помощью тех сил, которые даны ему, или которые он может потребовать, найти вокруг себя или в себе. Причем, Творец создал нас

— как мы с вами уже не раз говорили — в абсолютно противоположном себе состоянии, для того чтобы дать нам возможность самим определить это состояние как отрицательное, самое низкое, из которого мы и должны подняться.

С помощью каких сил? Что значит «подняться»? К кому? Как измерять свои падения, подъемы? Относительно кого или чего оценивать свое состояние?

Всё это мы с вами должны узнать и научиться всем этим управлять, чтобы использовать для своего подъема. Естественно, что не за волосы мы будем вытаскивать себя из нашего болота, а с помощью сил, которые специально для этого существуют в природе. В общем, работа непростая. Не скрою, что она потребует и большой затраты нервов, и займет много времени. А для чего же еще мы созданы?

В течение тысячелетий, возвращаясь и возвращаясь в этот мир, мы выполняли эту работу — выполняли неосознанно, согласно принципу «сладкое и горькое». Наше развитие происходило за счет эгоизма, который природа постоянно добавляла нам, увеличивала в нас, и анализ которого мы должны были производить. Этот анализ состоял всего из двух параметров: хорошо — это значит, что мне было приятно, было «сладко»; и плохо, то есть «горько».

Так вот, между этими условными, так сказать, «хорошо — плохо» или «сладко — горько», мы с вами естественным образом, совершенно подсознательно, все время двигались — куда? — ко все большему и большему эгоизму. Мы все время пытались что-то с ним сделать, как-то его реализовывать. Как? Приближаться все больше и больше к «сладкому» и удаляться все дальше и дальше от «горького».

И «сладкое», и «горькое» не являются постоянными понятиями. В зависимости от того, какие ценности приняты в данном поколении, в каком обществе мы вращаемся, у нас возникает иное понимание того, «что такое хорошо и что такое плохо». Но всегда мы стремимся к хорошему для нас и удаляемся от плохого.

Таким образом мы с вами развивались до сегодняшнего времени, до, допустим, двухтысячного года. И на этом рубеже все изменилось.

До сих пор инструментом анализа служило мое физическое тело, потребности которого и определяли, «что такое хорошо и что такое плохо» для меня. Теперь же добавился еще один аналитический блок, очень сложная такая штука, и она нас губит. Этот блок определяет параметры «правда – ложь», и это входит в противоречие с «хорошо – плохо»: возможно, мне плохо, но это правда; возможно, мне хорошо, но это ложь. Между результатами этих двух анализов мы уже находимся.

То есть, я должен определить – причем, абсолютно объективно, иначе я не нахожусь в анализе «хорошо – плохо» – что такое «правда», и что такое «ложь». Знаете, как маленькие дети или не очень развитые люди: то, что ему хорошо, он принимает за правду, а то, что плохо – за ложь.

Поэтому мы должны, во-первых, выявить «правда – ложь», независимо от нашего анализа «хорошо – плохо», то есть абсолютно объективно, как будто мы находимся вне нашего тела. Непросто. Но этому можно научиться. А затем мы должны сопоставить результаты этих анализов таким образом, чтобы анализ «хорошо – плохо» совершенно не влиял на наш анализ «правда – ложь», и мы могли бы с помощью этого анализа, «правда – ложь», идти вперед. То есть правда – это наше устремление к Творцу, а ложь – это всё, что против нашего устремления. В соответствии с этим мы уже и определяем результаты анализа «хорошо – плохо».

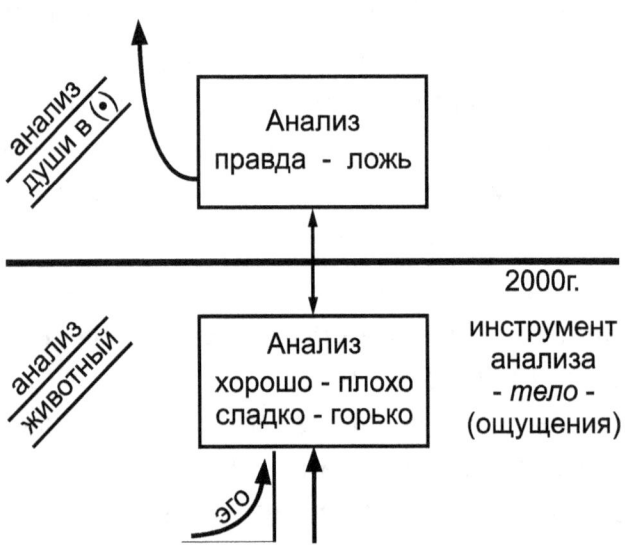

Анализ, который определяют потребности нашего тела, называется «животный анализ».

Анализ, который не имеет ничего общего с нашим телом, называется «анализ души» и происходит, если в человеке начинает развиваться точка в сердце.

Вот таким образом мы с вами теперь развиваемся.

Сегодня – самое главное для нас – абстрагироваться от нашего тела и все время придерживаться анализа относительно точки в сердце. Дать телу то, что сегодня необходимо для нормальной жизни среднего человека, ни на грамм больше, а все остальное, кроме этого, должно быть сосредоточено на анализе «правда – ложь».

Анализ «правда – ложь» мы с вами должны проделать, ни много, ни мало, как 613 раз (613 – это количество желаний в моей душе) на каждой из 125 ступеней лестницы нашего подъема.

Работку задал нам Творец непростую. Но это еще не все. В этой работе, кроме всего прочего, есть две части: первая часть называется «исправление 613-ти желаний», и вторая часть называется «наполнение 613-ти желаний».

Исправление желаний достигается подъемом от Малхут в Бину; наполнение желаний достигается подъемом от Бины в Кетер.

Таким образом мы, находящиеся сегодня с вами в Малхут, проходим два этапа: до Бины – исправляем себя, и затем от Бины до Кетера – наполняем себя.

Справиться со всем этим, не запутаться в технических деталях, в вычислениях, очень сложно. Чтобы упростить стоящую перед нами задачу – не заменить ее, не свести к чему-то незначительному, нет, а привести к тому же результату, – для этого «Зоар» предлагает нам разделить все наши исправления на, так называемые, заповеди.

Заповеди – это основные указания, и всего их 14. Ну, это уже не так много, и идут они – с первой по четырнадцатую – не произвольно, а в таком порядке, в каком мы их должны выполнять. И тогда, по мере их выполнения, мы сможем изучить себя, изучить окружающие нас силы, с тем чтобы каждая ступень, на которую мы уже взошли, стала стартовой площадкой для подъема на следующую.

И так вот от маленьких постижений и исправлений к всё большим, – как мы в нашей жизни шагаем из класса в класс.

Начнем с первой заповеди, попробуем ее проработать.

189. «Берешит бара Элоким (В начале создал Творец)» – это первая заповедь, основа и глава всего. И называется «страх Творца» или «решит» (начало), как сказано: «Начало мудрости – страх Творца». Страх Творца – начало знания, потому что страх называется началом. И это врата, через которые приходят к вере. И на этой заповеди стоит весь мир.

Начало мудрости – страх Творца.

Трудно понять, почему заповедь страха – страхом «Зоар» называет трепет перед Творцом – является первой в перечне заповедей, почему в заповедь страха включены все остальные заповеди Торы.

Почему взрослому, совершенно свободному от всяких предубеждений человеку надо окунаться в какой-то страх перед Творцом?

Речь, конечно, идет не об этом – говорится об отношениях человека с Высшей силой природы, которая называется свойством отдачи и любви.

Первый шаг в достижении этого свойства – это достичь трепета, что сравнимо с отношением матери к своему ребенку. Мать все время находится в страхе, волнуясь о своем младенце, обо всем, что с ним происходит. Этот естественный, природный страх постоянно вибрирует у нее внутри и не дает ей покоя. Если я хочу достичь свойства отдачи, то тот, кому я хочу отдавать, – для меня словно мой ребенок, и совершенно не важно, что я зову его Творцом. Единственно, что меня волнует, в чем я постоянно проверяю себя: думаю ли я о Нем, могу ли еще что-то добавить к своей заботе о Нем.

С этого начинается связь человека с Творцом. Но до этого нам нужно достичь такой же трепетной связи с человечеством или, хотя бы, с его небольшой частью – со своей группой. Я должен научиться так же беспокоиться о ней, как об очень любимом и дорогом человеке, с которым я связан неразрывными узами. С этого все начинается.

Нам, в нашем эгоизме, даны подобные примеры и подобные упражнения, для того чтобы мы смогли постепенно постичь другую реальность – альтруистическую.

Страх перед Творцом поднимает человека в вере выше знания. Вера – это свойство отдачи, выше свойства знания, выше свойства получения. То есть, в той системе ценностей, которую я выстраиваю в себе, – отдача выше получения. Это необходимо не для моего животного существования, а для того чтобы стать «настоящим» человеком, то есть моя жизнь – это постижение Творца. И теперь только мои усилия, только напряжение, которое я вкладываю в это намерение, определяет успешность выполнения первой заповеди.

190. Страх бывает трех видов, из которых два не имеют истинной основы, а один имеет. Если человек в страхе, чтобы жили его дети и не умерли, или в страхе за свое здоровье, или боится телесных страданий, или в страхе за материальное благополучие, то такой страх – даже если пребывает в нем постоянно – не является основой, корнем, потому что только нежелательные последствия являются причиной страха. Это называется страхом перед наказанием в этом мире. А есть страх наказания в будущем мире, в аду. Эти два вида страха – страх перед наказанием в этом и в будущем мире – не являются истинной основой и корнем.

Страх бывает трех видов, из которых два вида не имеют истинной основы, и только третий имеет.

Если человек в страхе, чтобы жили его дети и не умерли, или в страхе за свое здоровье, или боится телесных страданий, или в страхе за свое материальное благополучие, то такой страх – даже если пребывает в нем постоянно – не является основой, корнем для духовного роста, **потому что только нежелательные последствия являются причиной страха. Это называется страхом перед наказанием в этом мире**, в страхе перед которым он пребывает. Этот страх нежелателен, ни к чему хорошему он не приведет. То есть мы должны быть в этом страхе, но только в тех рамках, которые нам необходимы для нашего минимального наполнения, обеспечения.

А есть страх наказания в будущем мире, в аду. И без этого страха человек может обойтись, потому что он бесполезен для его духовного продвижения.

Вы можете сказать: «Ну да! Люди все-таки верят в загробную жизнь, в возможность попасть в рай, а не в ад, и это заставляет их соблюдать хоть какие-то общепринятые нормы поведения, общежития. Если бы не эта вера, то во что бы превратился наш мир...»

«Я оставлю по себе добрую память. Люди будут вспоминать обо мне, когда меня с ними уже не будет». Очень многим людям, кстати говоря, надежда на это дает силы для жизни, для работы, очень многих уберегает от всяческих соблазнов – вместо примерного гражданина пред нами бы предстал отъявленный бандит.

Так вот, «Зоар» говорит, что и страх перед проблемами этого мира, и страх перед наказанием в будущем мире не являются основой духовного роста, потому что заповедь в таком случае выполняется только лишь ради собственного блага, а не потому, что это заповедь Творца.

191. Истинный страх – это страх перед Творцом, потому что Он велик и всемогущ, потому что Он источник всего, и все остальное – как ничто пред Ним. И да приложит все свое внимание человек к постижению этого вида страха.

Что значит: «истинный страх, трепет перед Творцом»?

Перед Творцом нечего трепетать. Творец – это Высшая сила творения, сила отдачи, сила любви, которая существует вокруг нас. Она абсолютна, неизменна, как беззаветная, бескорыстная любовь матери. Ребенок ее не боится и позволяет себе все, что угодно – ведь он знает, что мать все равно будет его любить и позволит ему все.

Так чего же нам бояться в таком случае, какого наказания?..

У нас как бы пропадает возможность меняться относительного Него – ну как я могу, да и зачем? – если Он абсолютно беспристрастен, если Он всегда одинаково относится ко мне.

Так вот, «Зоар» нам говорит, что как раз наоборот – именно в таком состоянии мы и должны найти в себе такой источник изменения, такой стимул, который бы нас поднял до уровня трепета к этому абсолютно неизменному Творцу. Представьте себе ребенка, который поднимается до такого уровня сознания, когда он боится причинить матери хотя бы малейшее зло. Он должен подняться до уровня такой же любви к ней, как она к нему.

Невообразимый уровень.

Как можно требовать это от ребенка? А что же тогда говорить о творении, о нас?..

Но к этому мы можем прийти.

Как к этому прийти – об этом рассказывает рабби Шимон.

Невозможно определить духовный уровень человека по его внешнему, видимому всем, выполнению заповедей. Более того, тот, кто выполняет их ради получения немедленного вознаграждения, тот обычно выполняет их с наибольшим внешним усердием, а тот, чьи намерения и мысли направлены внутрь, на поиски истинного выполнения, как правило, ничем не выделяется.

Все огромное отличие между ними – только в их внутреннем намерении, основе, причине – почему они выполняют указание Творца!

Только во все более внутреннем выполнении заповеди страха, во все более внимательном всматривании внутрь себя – каким образом и на что направлены его мысли, только в своем намерении – человек должен искать постоянное улучшение и дополнение, но ни в коем случае не в механическом «перевыполнении», о чем есть точное указание: «не преувеличивай в заповедях».

Как сказал рабби Барух Ашлаг: «Страх перед Творцом – это постоянное беззаветное желание, выражаемое в мысли: "А все ли я уже сделал, или есть возможность сделать что-то еще ради Творца?"».

192. Заплакал рабби Шимон, причитая: «Ой, если раскрою, и ой, если не раскрою; если скажу – узнают грешники, как работать ради Творца, если не скажу – не дойдет это до моих товарищей. Потому что в том месте, где находится истинный страх, там же находится против него, соответственно внизу, плохой страх, бьющий и обвиняющий, и это плеть, бьющая грешников (наказывающая их за грехи)». А потому боится раскрыть, ведь могут узнать грешники, как освободиться от наказания, а наказание – это их исправление.

Мы с вами – грешники. Мы не хотим считаться с Творцом, а учитываем только наслаждения, к которым нас влекут наши желания. Мы не может перестать думать о наслаждениях, которые настолько связывают нас, управляют нами, погребают под собой, сковывают и удерживают, что не можем уделить внимание Творцу.

Как маленький ребенок, будучи уверен в безотказности своей мамы, требует от нее все, что угодно, точно так же – дай нам только «подход» к Творцу – поневоле будем поступать и мы. Такова наша природа: покажи нам хоть какой-то лакомый кусочек, мы сразу же ухватимся за него – и всё – мы не сможем оторваться от возможности наслаждаться.

Значит, если грешники освободятся от страха наказания, то они никогда не смогут исправиться, и именно поэтому рабби Шимон боится раскрыть «подход» к Творцу.

Но, с другой стороны, **если не скажу – не дойдет это до моих товарищей**. То есть: «Если я не скажу, как "подступиться" к Творцу, – говорит рабби Шимон, – то не поднимутся мои товарищи до состояния, когда начнут меняться в подобие Ему, в свойство беззаветной любви и отдачи, и, соответственно, останутся в своих эгоистических, неисправленных желаниях».

И так нехорошо, и так плохо – и в этом проблема, стоящая перед рабби Шимоном.

Исходя из этого, можно хотя бы примерно понять, почему наше продвижение раскрывается нам, как цепь – вроде бы противоречащих здравому смыслу – событий.

Совершая определенные действия и рассчитывая получить соответствующие им результаты, мы, вопреки своим ожиданиям, получаем совершенно иные, а иногда даже и противоположные им...

Почему? Потому что для нашего же блага усложняется для нас схема нашей прямой связи с Творцом – с этим бесконечным, неограниченным наслаждением. В противном случае оно бы нас просто затянуло, закрутило и не дало бы возможности продвигаться в полном подобии к свойству Творца, то есть в отдаче.

193. Но кто боится наказания побоями, не может снизойти на того истинный страх перед Творцом, но нисходит на него дурной страх в виде страха наказания плетью.

Страх раскрывается только в скрытии Творца. Как только раскрывается Творец, раскрывается свойство милосердия, отдачи, любви, то пропадают все виды страхов. Но человек должен запастись этим страхом, трепетом, чтобы раскрытие Творца не ликвидировало этот страх. Он должен действовать так, чтобы – как точнее сказать? – чтобы «поймать» отношение Творца, Его любовь в свой страх. Тогда этот страх меня не оттолкнет, он меня не нейтрализует, и я не начну сразу же использовать Творца для себя, в любых своих корыстных целях.

Если Творец открылся мне, допустим, всего лишь на 20%, но я чувствую, что это огромная, беззаветная любовь, на которую ничто не может повлиять (попробуйте войти в это состояние), то это сразу же выбрасывает меня в огромнейший эгоизм: «Какие там 20 процентов – я хочу получить сейчас, сразу, всё». И тогда я падаю в нечистые, эгоистические желания, и на этом кончается мое духовное продвижение – я не властен над собой.

Поэтому Творец раскрывается только тогда и только в той мере, в которой желание получать в страхе, в трепете, что называется, сидит в человеке. То есть человек находится в постоянном движении к Творцу, на каждой следующей ступени его страх еще больше, и так до 100% страха, в который человек получит стопроцентную любовь. Поэтому страх называется сосудом, местом, в котором проявляется любовь Творца.

Это условие необходимо для того, чтобы мы сохранили свою самостоятельность, чтобы мы сохранились как создания, которые стоят против Творца. Нам это необходимо, иначе я аннулирую самого себя, иначе – всё: эгоизм, во мне, и наслаждение в Нем, они сделают со мной все, что хотят...

Поэтому мне необходим этот экран, это свойство страха, трепета.

В мере моего страха рождается во мне, облачается в меня свойство мудрости, раскрытие Творца, Его свет. В этом свете – в своем отношении трепета к Творцу – я раскрываю Его отношение ко мне, Его отношение к другим, силы, свойства всего мироздания. Я начинаю изучать эту систему, для того чтобы знать, как наиболее правильно относиться к Творцу – аналогично тому, как Он относится ко мне.

Я строю в себе аналог Творца, как бы Его изображение в себе. Исходя из этого, я начинаю понимать, кто Он, что Он, и, в итоге, становлюсь равным Ему. Я против Него, и мы оба равны.

Я выполнил первую заповедь и теперь нахожусь на лестнице духовного возвышения. Поднимаясь по ее ступеням, я открываю для себя совершенно новые миры – огромные, в миллиарды раз больше нашего мира по объему, по величию, по могуществу, по впечатлениям, в конце концов, по мудрости.

Наш мир очень ограничен, это только жалкое отражение нескольких, самых низких, духовных законов.

Мне необходим экран защиты от самого себя – от моего эгоистического отношения к Творцу. Приобрести этот экран я могу, только находясь в группе единомышленников, только на занятиях. Только лишь таким образом.

Это постепенная, очень длительная, непростая работа...

194. И поэтому место, называемое страхом перед Творцом, называется началом знания. И поэтому включена здесь эта заповедь. И это основа и источник всех остальных заповедей Торы. И кто выполняет заповедь страха перед Творцом, он выполняет этим все. А кто не выполняет заповедь страха перед Творцом, не выполняет остальные заповеди Торы, потому что эта заповедь – основа всех остальных.

О чем говорится в этом, достаточно запутанном, параграфе?

На самом деле все довольно просто – говорится о двух условиях, которые должен выполнить человек на пути своего духовного роста.

Первое: человека не пропустят, не подпустят к источнику Высшего света, к Творцу, прежде чем он не обретет страх или трепет того, что относится к Творцу не так, как Творец относится к нему.

Второе: только лишь в той мере, в которой мы обретаем адекватное отношение к Творцу – так, как Он относится к нам в свойстве отдачи и любви – только лишь в этой мере Он открывается нам; в противном случае мы, как маленькие дети, попадаем во власть безумной материнской любви и становимся окончательными эгоистами, которых невозможно исправить.

Теперь мы можем прийти к пониманию того, в чем состоит суть заповеди трепета перед Творцом – того, чего нам надо бояться, и того, что нам надлежит делать:

– я боюсь «сорваться», я боюсь упасть и прегрешить, то есть начать получать ради себя;

– я должен все время пытаться работать только в ключе отдачи и любви.

И тогда, в мере такого моего отношения к Творцу, Он раскроется мне, раскроет свою любовь, и она будет уже увязана с моей любовью – так сказать, одно против другого.

195. Поэтому сказано: «В начале (означающее страх) создал Творец небо и землю». Потому что тот, кто нарушает это, нарушает все заповеди Торы. А его наказание – это дурная плеть, то есть дурной страх, бьющий его. «И земля была пуста и хаотична, и тьма над пустой бездной, и дух Творца» – здесь говорится о четырех наказаниях грешников.

«В начале» – говорится о страхе, трепете перед Творцом – перед тем, кто сотворил небо и землю. То есть только после того, как в человеке раскрывается страх, трепет перед Творцом, – только после этого человек начинает раскрывать небо и землю.

Наказанием для человека, нарушившего эту заповедь, является «дурной страх», то есть его падение в земные виды страха: либо страх перед наказаниями в этом мире, либо страх попасть в ад после своей смерти. Ну, это свойственно людям, начиная с фараонов и до наших дней.

А далее сказано: **«"И земля была пуста и хаотична, и тьма над пустой бездной, и дух Творца" – здесь говорится о четырех наказаниях грешников».**

Говорится о том, каким образом исправляют человека, если он не соблюдает заповедь трепета. Слово «наказание» в Торе не означает, как в нашем мире, кару или возмездие за какой-либо проступок, или за какое-либо нарушение. Наказания – это исправления, коррекции.

Так вот, какие же существуют виды коррекции?

196. Пуста – это удушение. Хаотична – это побивание камнями, то есть камни, падающие в большую пропасть для наказания грешников. Тьма – это сожжение, огонь на голову грешников, чтобы сжечь их. Дух Творца – это отсечение головы.

Те, кто выполняют заповедь страха перед Творцом не потому, что это Его указание, а потому, что боятся наказания, те попадают в ловушку «нечистой» силы, называемой «пустота», вследствие чего не понимают мыслей и деяний Творца. Эта «нечистая» сила определяется как веревка на шее человека, перекрывающая доступ чистого (святого) воздуха к его душе, не дающая получить жизнь. И в мере его незнания «нечистая» сила душит его.

А когда он уже пойман «нечистой» силой в петлю, затягивающуюся на его шее, то эта сила получает возможность командовать человеком, как ей вздумается: или побить его камнями, или сжечь, или отсечь голову.

«Побить камнями» означает, что «нечистые» мысли бьют его в голову своими желаниями наслаждений и тянут его этим к бездне, чтобы наказать его тьмой.

Тьма – это сожжение, огонь на голову грешников... Это ощущение – ну, как сказать? – абсолютного отсутствия разума. То есть разум есть для того, чтобы почувствовать, что его нет. Страшное ощущение.

И затем **дух Творца – это отсечение головы**, – когда человек полностью отсекается от контакта с Творцом.

Жизненный путь человека – это постоянная переоценка ценностей: потеря интереса к самым, казалось бы, лакомым удовольствиям (это бывает со всяким, это временно – нормальный, здоровый организм свое возьмет), или какие-то увлечения... *Но дело в том, что для того чтобы как можно быстрее понять, нужно тебе это или нет, надо быть очень тесно связанным с теми, кто увлечен той же целью.*

Допустим, ты выбрал каббалу. Немедленно приложи как можно больше усилий, для того чтобы включиться в группу своих единомышленников, быть вместе с этими людьми, то есть пытайся за счет этого ускорить время. И тогда все свои желания ты принимаешь, как заповедь, как условия, которые необходимы для достижения цели: надо человеку кушать – ты кушаешь, надо человеку жить нормальной семейной жизнью – ты живешь, и так далее.

Так что, все зависит от того, сможешь ли ты – как можно быстрее, как можно полнее – подставить себя под влияние окружающих, и тогда ты приобретешь намного большее желание, чем твое личное, и устремишься вместе с ними к выбранной вами цели.

Твой эгоизм растет – и пускай растет! – но в нужном направлении, под правильным воздействием.

197. Дух Творца – это отсечение головы, потому что знойный ветер (руах сэара) – это меч обжигающий, наказание тем, кто не выполняет заповеди Торы, указанные после заповеди страха, называемой основой, потому что включает все заповеди. Потому что после «берешит» (начало), что означает страх, далее сказано: «пустота, хаотичность и дух» – а всего четыре вида наказания смертью. А далее следуют остальные заповеди Торы.

Далее «Зоар» рассказывает о том, что происходит после того, как человек полностью отсекается от контакта с Творцом. Следствием этого является падение человека из мира Ацилут вниз, под парса, где его уже ожидают три клипы:

– руах сэара – это скорее не знойный, а бурный ветер;

– анан гадоль – большое облако, которое, как наползающая на солнце туча, закрывает абсолютно все духовное;

– эш митлакахат – огромный огонь, бушующее, ревущее пламя.

Каждая из клипот находится, соответственно, на уровне миров: Брия, Ецира,

Асия. Затем идет махсом и под ним Наш мир.

Так вот, хуже нашего мира нет ничего. Если вы представляете себе ад, то это намного выше нашего мира. Ад – это просто стыд, который сжигает человека.

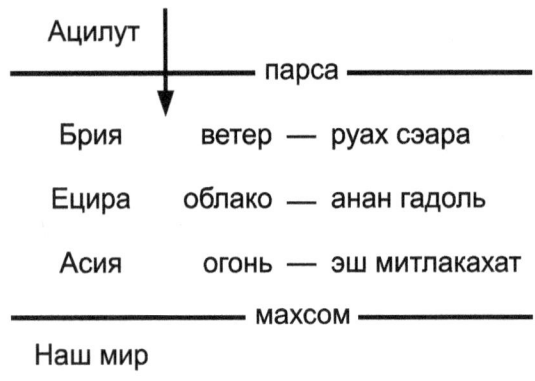

Клипа – это желания, которые я не могу использовать, исправить для отдачи до конца исправления.

Клипа проявляется при выяснении причины болезни и отделения ее от больного тела (разбитой души).

Болит все тело: и голова, и ноги, и руки, и сердце... Везде какая-то боль. Но почему? И я раскрываю, что есть какая-то маленькая больная область, которая отравляет все тело, потому что весь организм – это одно целое, и та часть, где находится источник болезни, называется клипой.

Все остальное тело можно вылечить, исправить, кроме этой части, и поэтому я удаляю ее. Болезнь поразила каждый орган, каждую клетку, и мне нужно отделить источник болезни, а оставшиеся очистить и исправить. И тогда я восстанавливаю все, что только возможно, кроме этого порочного места, которое я вырываю, отсекаю от себя.

В этом заключается наша работа с клипот.

То есть клипа – это желания, которые мне надо выявить, отделить от здорового тела и больше не использовать. Тогда я могу исправить тело. А когда я полностью выполню эту работу, то есть разделю все свои желания на две части – отдельно здоровая, отдельно больная – наступает Конец исправления (Гмар тикун), и я вижу, что клипу тоже можно исправить.

Сделать все это я могу, выяснив, какие из моих желаний подобны свойствам света, а какие нет. И поэтому: «Да будет свет!»

Я не хочу вас пугать, но невозможно подняться, если не попробовать, хоть немножко, от каждого из этих четырех видов наказаний. Они нас формируют, мы не можем двигаться вперед, если не «обожглись».

Каждая следующая ступень, как вы знаете, строится – согласно закону «отрицание отрицания» – на отрицании предыдущей. То есть, построить ее можно только тогда, когда ты действительно полностью отринешь предыдущую ступень, а, значит, увидишь ее пустоту, ничтожность, боль, зло и так далее. Поднявшись над всем этим, ты готов взойти на следующую. Таким образом, мы с вами проходим эту первую заповедь – заповедь трепета.

Еще раз. Трепет перед Творцом – в чем он? – в том, чтобы быть подобным Ему.

Чтобы достигнуть этого, мы должны приподняться над всеми земными страхами, считать, что Творец – Один, Единый, Единственный, то есть абсолютно все силы сходятся в Нем, и нет ничего другого, кроме этой Силы, которая определяет всё в нас. Поэтому и человек, стремящийся к подобию Творцу, – он тоже один, единый, единственный, а всё остальное включено в него. То есть, нет окружающего мира, нет Высшего мира – всё это я могу себе только представлять, всё это, на самом деле, формируется во мне, только лишь во мне.

Итак, с чего я должен начать свое духовное восхождение? С создания в себе трепета относительно свойства отдачи и любви, которое и называется Творцом, когда страх перед тем: «А смогу ли я действительно достичь этого свойства? Могу ли я только этого желать и действовать только ради рождения во мне, ради реализации во мне этого свойства?», – не будет давать мне покоя ни днем, ни ночью.

Если во мне, хоть немного, проявится этот трепет, то в нем начнет ощущаться Творец, и я начну знакомиться с Ним, раскрывать Его. Раскрывать Его я смогу только в той мере, только в том виде, в том аспекте, в котором исправил себя. Иначе говоря, всегда человек обнаруживает Творца (Борэ) на основе «бо у рэ» (приди и увидь), то есть: свойство против свойства, мера против меры.

Каждый человек в нашем мире – хочет он того или нет – всегда и во всем выполняет только желания Творца. Но почему же тогда он не называется работающим на Твор-

ца? – потому что делает это неосознанно, не в силу своего желания. Чтобы заставить человека выполнять свое желание, Творец дает ему постороннее желание, желание насладиться, что и заставляет человека выполнять действие, но выполняет он его, как раб своего желания, а не как человек, выполняющий желания Творца.

То есть, чтобы заставить нас выполнять то, что необходимо именно нам, Творец создал в нас эгоистическое желание самонаслаждения и принуждает нас к выполнению тем, что дает нам видеть наслаждение в тех действиях и объектах, над которыми – как Он того хочет – мы должны работать. Поэтому мы находимся в постоянной погоне за наслаждениями, даже не подозревая, что неосознанно выполняем волю Творца.

Это подобно тому, как детям дают много интересных, занимательных игрушек. Играя, они непроизвольно приобретают определенные знания, определенные навыки, чего и хотели взрослые дяди и тети.

Итак, весь мир выполняет волю Творца, но наша цель – цель нашего развития – достичь сознательного выполнения этого. Мы должны постичь волю Творца, осознать, поднять себя настолько, чтобы выполнять ее не так, как сейчас – поневоле, совершенно неосознанно, – а с полным пониманием, в абсолютной ответственности за свои действия. Мы должны прийти к полному совпадению наших желаний с желаниями Творца, что означает сознательное слияние с Ним.

Заповедь вторая
(п.п. 198 – 203)

Мы состоим – как пишет АРИ в своей книге «Древо жизни» – из двух частей: из животного тела, которое развилось в рамках этого мира, и некоего «я», которое мы называем «человек». Это «я» непосредственного отношения к нашему телу не имеет, и вот это «я» мы должны развить.

«Я» – душа, так называемая, – проходит в своем развитии те же этапы, что и наше тело под воздействием сил этого мира, но проходит их в ином, Высшем мире, под воздействием его сил. Органы чувств нашего тела – зрение, слух, обоняние, вкус, осязание – дают нам ощущение этого мира, а органами чувств души мы ощущаем Высший мир.

Мы родились в уже обустроенном мире, в определенных условиях. Таким он нам знаком. Мы никогда не ощущали ничего другого и настолько привыкли к нашему миру, в котором все для нас естественно, что не представляем себе, что он условен, что мог бы быть совсем иным. Наше воображение, фантазии не выходят за рамки того, к чему мы привыкли в этом мире. Поэтому нам трудно понять, что говорят каббалисты об иной реальности, которая раскрывается человеку, если он обретает новое восприятие.

Каббала говорит именно о том, как нам самим развить в себе ощущение этой новой реальности, чтобы избежать страданий, сопровождающих ее рождение в нас вынужденным путем.

Наука каббала – это наука о том, как нам развить эту душу в нас.

Как развить? – «Откройте свое сердце, – сказано в книге "Зоар", – и Я открою вам мир».

Для того чтобы узнать, что значит «открыть свое сердце» и сделать это, – только для этого человечество существует в этом мире. Открыть свое сердце – значит раскрыть его всем и каждому, то есть объединиться всем вместе. Раскрывая свое сердце, мы раскрываем пять высших органов чувств, и в них ощущаем Высший мир.

Вот этого нам надо достичь, это зависит от нас, так что удачи нам в этом.

Смотря по тому, каким образом мы будем градуировать меру нашего исправления, относительно каких наших свойств мы это будем делать, – в зависимости от этого определяется количество ступеней нашего духовного подъема к полному подобию со свойствами Творца. Их может быть и 10, и 125, и 620…

«Зоар» предлагает нам 14 ступеней – 14 четких, глобальных изменений, 14, так называемых, заповедей, которые мы должны выполнить, для того чтобы достичь полного подобия Творцу.

Прежде чем мы приступим к изучению второй заповеди, вспомним, о чем говорит первая.

Первая заповедь говорила о том, чего боится человек, какие страхи одолевают его.

Человек, чувствуя свою беззащитность перед этим миром, вооружается, показывает свои кулаки, показывает, что он герой. Это все от слабости, это его естественная реакция на ощущение нашего мира. Таков первый вид страха.

Второй вид страха – это страх того, что же меня ждет в будущем мире, после того, как я закончу свой земной путь: «Получу ли я вознаграждение, или наоборот?..»

Оба эти страха существуют у всех людей, и оба они – эгоистические. На первом страхе построена вся система взаимоотношений человека с окружающим его миром, а на втором – все нравственные, религиозные догматы и так далее.

«Зоар» объясняет нам, что с помощью этих страхов – в силу их эгоистической основы – невозможно достичь духовного уровня.

А вот третий вид страха, который заключается в том, подобен ли я Творцу, то есть, получая от Него, могу ли я вернуть Ему полученное, и таким образом находиться в контакте, в гармонии, в равновесии с Ним, – он уже относится к духовному. На основе этого страха мы начинаем потихонечку стремиться к подобию Творцу. Закон подобия, закон равновесия – получение равно отдаче – является главным законом природы.

В каждый момент времени во мне развивается все больший эгоизм, возникают, при этом, все большие помехи, а я – используя их, реализуя их – поднимаюсь над ними и снова, и снова вывожу себя на уровень равновесия с Творцом. Таким образом, я постоянно поднимаюсь в, так называемой, средней линии, и в этом, в общем, заключается наше оптимальное развитие.

Так вот, одного лишь трепета перед Творцом недостаточно для успешного продвижения. Необходимо развивать, расширять, раскрывать ощущение Дающего, чтобы со все более открытым сердцем человек мог идти Ему навстречу, а для этого необходимо постепенно заменять страх любовью.

Об этом говорит вторая заповедь – заповедь любви.

198. Вторая заповедь – это заповедь, с которой неразрывно связана заповедь страха, и это заповедь любви – чтобы любил человек Творца своего совершенной любовью. Что означает «совершенная любовь»? Это большая любовь, как сказано: «Ходит пред Творцом своим в цельной честности и беспорочности», что означает совершенство в любви. Поэтому сказано: «И сказал Творец: "Да будет свет"» – это совершенная любовь, называемая «большая любовь». Именно так должен любить своего Творца человек.

Вторая заповедь – это заповедь, с которой неразрывно связана заповедь страха, и это заповедь любви – чтобы любил человек Творца, то есть свойство отдачи, **совершенной любовью.**

Не существует Творца в виде какого-то образа, созданного либо писателем, либо художником, либо скульптором. Мы говорим о свойстве природы, в общем, совершенно безымянном и бестелесном, не имеющем никакой ограниченной формы, которое проявляется в нас только лишь в мере нашего подобия этому свойству. И когда я хоть в какой-то мере становлюсь подобным этому, неизвестному мне, свойству, тогда оно ощущается во мне, и тогда я говорю: «О! – это Творец!»

И вот тут-то возникает – как говорится – маленькая проблемка. Она заключается в том, что не страх меня подталкивает, подгоняет к контакту с Творцом, а мое желание беззаветной отдачи, то есть: я должен настолько подняться над своим эгоистическим свойством, что уже о равновесии с Творцом не забочусь, – меня заботит, нахожусь ли я в полной отдаче Ему, независимо от того, что и в каком виде я получаю в ответ. Но мой эгоизм категорически с этим не согласен. Он показывает мне, что я нахожусь в абсолютном проигрыше: кому я отдаю – неизвестно, а это значит, что мне не от кого и нечего ждать.

Каким образом я могу это преодолеть? – Без преувеличения можно сказать, что из меня должна фонтанировать сила любви.

Что означает «совершенная любовь»? – спрашивает «Зоар». **Это большая любовь, как сказано: «Ходит пред Творцом своим в цельной честности и беспорочности», что означает совершенство в любви. Поэтому сказано** в начале творения: **«Да будет свет» – это совершенная любовь, называемая «большая любовь». Именно так должен любить человек Творца своего.**

Достичь совершенства в любви означает достичь абсолютной преданности – вопреки любым, якобы рациональным, доводам – тому свойству отдачи, которое существует в природе. Мой эгоизм мне в этом не советчик, я полностью игнорирую все его предостережения.

Это говорит не о моей ограниченности, а, наоборот, о том, что отринув, так называемый, здравый смысл, выше всего я поднимаю силу своей любви.

Итак, после того, как человек поднялся на первую ступень, ступень трепета, где он достигает свойства Бины – свойства абсолютной отдачи, человек поднимается на следующую ступень – ступень абсолютной любви. И теперь мы говорим о человеке, который полностью постигает всё мироздание, абсолютно всё видит, знает, понимает, – то есть мы говорим о человеке, который полностью подобен Творцу.

Это только вторая ступень, а всего их четырнадцать. Посмотрим, что будет дальше.

Заповеди – это законы природы. Творец – это природа. Творец – Элоким – в гематрии (в числовом выражении) – это то же самое, что природа.

Мы находимся внутри Него, внутри этого Творца или внутри природы. Но мы не ощущаем, не понимаем, не воспринимаем полностью эту природу, – мы обратны ей. Вот эту-то обратность мы и ощущаем как наш мир, наше существование.

199. Сказал рабби Эльазар: «Я слышал объяснение, какая любовь называется совершенной». Сказали ему: «Расскажи это

рабби Пинхасу, потому что он находится на этой ступени». Сказал рабби Эльазар: «Совершенная любовь означает, что она совершенна с обеих сторон, а если не включает в себя обе стороны, такая любовь не совершенна».

Совершенная любовь означает, что она совершенна с обеих сторон – и со стороны Творца, и со стороны творения. Но ведь Творец – это свойство отдачи, а творение – это желание получать. Абсолютно противоположные качества, а мы говорим об обоюдной, совершенной любви.

Творение получает ради отдачи, это и есть выражение любви со стороны творения.

Как иллюстрацию, возьмем известный наш пример – гость и хозяин.

Я прихожу в гости к хлебосольному хозяину. Богато накрытый стол, самые изысканные яства... Вкушай и наслаждайся. Даже не приступив к еде, я уже получаю наслаждение. Это, с одной стороны.

А, с другой стороны, что же мне делать: ведь я хочу получать наслаждение для того, чтобы насладить хозяина?

Я говорю хозяину: «Нет». Тем самым я перекрываю свое первоначальное наслаждение и создаю экран (1).

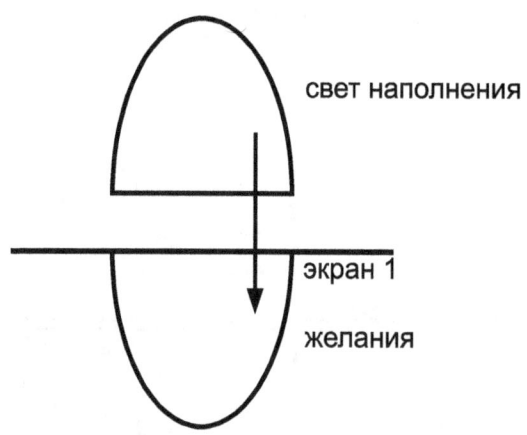

Ну, а дальше? В действительности я бы очень хотел отведать его угощение, но ни за что не сделаю это ради себя лично. Значит, мне нужно вызвать прежнее желание, предварив его новым намерением – желать насладиться ради хозяина. Аппетит, который я сейчас в себе пробуждаю, проистекает не из моего желания. Я заглянул хозяину в сердце и увидел, как он любит меня, и как я могу доставить ему удовольствие, наслаждаясь получением от него. «Хозяин-то, оказывается, любит меня и по-настоящему переживает из-за того, что я не принимаю его угощения. Так что же, пускай страдает?» Теперь мое желание поесть вообще не играет роли, оно лишь средство нашей связи.

Таким образом, у меня возникает дополнительный экран (2) – и на его любовь ко мне, и на исходящие от него наслаждения.

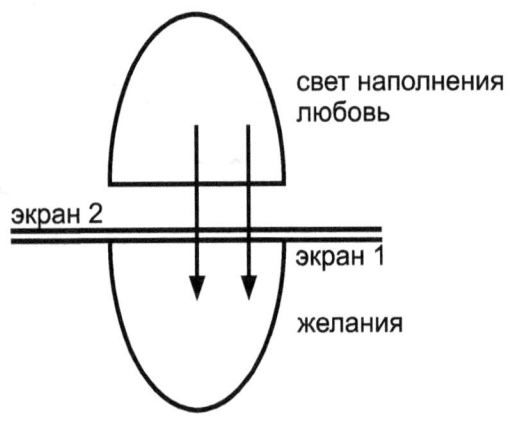

Я начинаю изучать все, что он приготовил мне, я начинаю взвешивать, сколько я могу принять, и сколько – нет. И теперь я чувствую, какое наслаждение я вызываю в Дающем, в Хозяине, в Творце, получая от Него, как Он радуется тому, что я наслаждаюсь. То есть все мое наслаждение находится сейчас не во мне – оно находится в Нем. Мы, как бы, перебрасываемся желаниями – я не могу получать, если не ощущаю полностью то, что происходит в Нем, а Он не может давать, если не включает меня в Себя.

Получается, в итоге, что и Его, и мое наслаждения сливаются вместе, и мы превращаемся в одно целое.

Творец создал меня таким, Он дал мне и желание наслаждаться, и его наполнение, а я использую всё это, чтобы наслаждать Его.

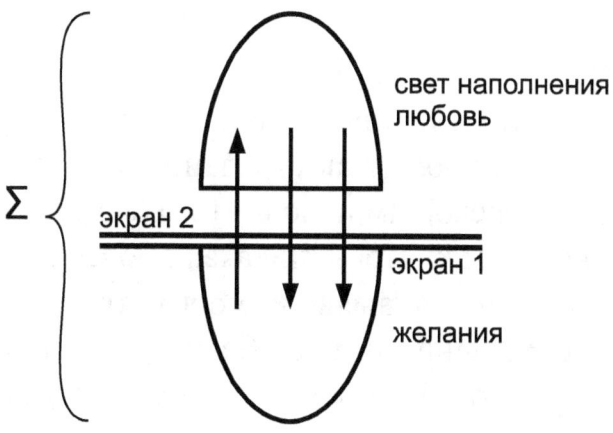

200. Поэтому есть те, кто любит Творца, чтобы стать богатым, чтобы долго жить, чтобы иметь много здоровых детей, властвовать над ненавистниками, – получает то, что желает, а потому любит Творца. Но если получит обратное, если Творец проведет его через колесо страданий, возненавидит Творца и совершенно не ощутит к Нему никакой любви. Поэтому в такой любви нет требуемой основы.

Поскольку его любовь полностью зависит от того, получает ли он от Творца или нет, то, естественно, прекратив получать, прекращает любить. Понятно, что можно любить только одно из двух – или себя, или Творца.

То есть, надо понимать, что в духовном все зависит не от того, что я говорю, а от того, что я чувствую.

Могу ли я поднять себя над такими чувствами, как боль, как страдания, как пустота, и наперекор им наполнить себя чувством любви, да так, чтобы никакая проверка, никакой анализ не выявили моего отрицательного отношения к ним? Если да, то можно сказать, что я уже достиг свойства подъема над ними и уже готов к чему-то большему, может быть, даже и к отдаче…

Мы чувствуем всевозможные страхи, отторжение друг от друга, взаимное охлаждение…

Ничего страшного. Это естественно. Мы, всего лишь, должны понимать, что духовное находится над этим.

Приподняться над этими расчетами, начать осваивать это новое свойство, пред-

ставить себя существующими в нем – и тогда мы увидим, как действительно возникают у нас новые ощущения, вплоть до ощущения Творца. Вечность и совершенство – это всё перед нами.

Когда мы говорим о настоящей, совершенной любви, то мы говорим о том, что можно ощутить только в той мере и в том общем чувстве, в котором сливаются между собой оба участника и образуют между собой единое целое. Вот в этом едином целом только и возможно ощущение любви. В этом чувстве нет различия между ними – одно желание, одно наполнение, то есть один свет.

Я думаю, что это можно понять. Это не такая уж большая проблема.

Так и в нашем мире мы стремимся – даже физически – к сплетению тел, к ощущению друг друга. Это отголоски той любви, тех условий, которые достигаются, естественно, только в духовном мире. А в нашем мире мы, как ветвь от корня, пытаемся каким-то образом выразить свое эгоистическое чувство, которое мы называем любовью.

201. Любовь называется совершенной, если она с обеих сторон: со стороны закона и со стороны милосердия (успеха в жизни). Когда человек любит Творца, как уже говорили, даже если Творец забирает его душу – это есть совершенная, полная любовь с обеих сторон: и милосердия, и закона. Поэтому свет первого действия творения раскрылся, но затем был скрыт. И вследствие скрытия проявился жесткий закон в мире, соединились обе стороны, милосердие и закон, вместе, чтобы получилось совершенство. И это желательная любовь.

Любовь называется совершенной, если она с обеих сторон – со стороны закона, то есть со стороны ограничения, страданий (левой линии), **и со стороны милосердия** (правой линии) – если она с обеих этих сторон оформляет ощущение человеком свойства отдачи.

То есть человек начинает чувствовать в своем исходном животном эгоизме такие изменения, такие, вообще, реакции, которые ранее были ему (эгоизму) совершенно несвойственны. Почему? Потому что он начинает присоединять эгоизм к свойству отдачи.

Когда человек любит Творца, как уже говорили, даже если Творец забирает его душу – это есть совершенная, полная любовь с обеих сторон: и милосердия, и закона. Поэтому свет первого действия творения раскрылся (то есть полностью был раскрыт в мире Бесконечности), **а затем скрылся. И вследствие скрытия проявился жесткий закон в мире, соединились обе стороны, милосердие и закон, вместе, чтобы получилось совершенство.**

Когда милосердие и закон соединяются вместе, в нас – то есть, в нашем эгоизме, во всех наших свойствах, с которыми мы родились и развивались, – появляется возможность подняться над ними на уровень любви. С нами происходит удивительнейшая метаморфоза – в нас соединяются абсолютно все наши ощущения: прошлые, настоящие и будущие. Буквально увидев их, прочувствовав их, мы оправдываем действия Творца в каждый момент времени, понимая, что они продиктованы Его совершенной любовью, что не было с Его стороны ни насилия, ни жестокости ни над кем в мире, в том числе, и над нами.

Почему именно на этой ступени я получаю такое понимание?

Чтобы подсоединиться с открытым сердцем к Творцу, я сначала соединяюсь со всеми душами. Я проверяю: как им-то пришлось в их земном, и не только земном, путешествии, в котором они проходили этапы своего развития? Как к ним относилась Высшая сила? На самом ли деле она была к ним абсолютно милосердна и справедлива и никогда не относилась к ним иначе, кроме как с чувством абсолютной любви?

Когда я это проверяю, я включаю в себя все остальные души; анализируя отношение Творца к ним, я, в итоге, становлюсь в своем к ним отношении таким же, как и Он, и в совокупности – через них – к Творцу. Именно таким образом я достигаю свойства этой абсолютной любви.

Существует очень много тонкостей, которые в нашем мире, в принципе, совершенно не работают. Не с чем даже приводить аналоги. Это и не материнская любовь, которая исходит только из эгоистических, гормональных, всего лишь, причин; это не любовь мужчины к женщине, которая исходит только из животной потребности; это не любовь женщины к мужчине, часть которой исходит из животной потребности, а часть – из свойства защиты или обретения.

Любовь, о которой мы говорим, не имеет под собой абсолютно никаких оснований, над ней не властен принцип «причина – следствие». То есть это такое свойство, которое можно получить только лишь под воздействием Высшего света. Только тогда, когда это свойство, эта любовь, развивается в нас – такое наше отношение к Творцу, – тогда только мы и понимаем, что же это такое. У нас, в нашем мире, нет относительно нее никаких задатков и начал.

В закрытом сердце, в своих закрытых желаниях, эгоистических, которые работают только на получение, ты ощущаешь только лишь свой маленький мирок. Ничего больше ощутить невозможно.

Мы должны своими внутренними усилиями – самое главное, внутренними усилиями, – таким образом повлиять друг на друга, чтобы заставить раскрыться наши сердца. В мере раскрытия в них войдет Высший свет и произведет такие изменения в нашем эгоистическом желании, что мы начнем ощущать Высший мир. Причем, каждый из нас ощутит его вне себя, то есть во всех остальных раскрытых сердцах, потому что каждый из нас при этом обретает огромное внешнее духовное кли.

Не в себе, а вне себя ощущается Высший мир, в вере выше разума, в свойстве отдачи, выше свойства личного эгоизма. В своем движении вне себя – в первую очередь, относительно товарищей, а затем относительно всего мира – ты войдешь в состояние вечности, совершенства, в совершенно иные действия...

До этого состояния мы с вами должны дойти, и я думаю, что у нас для этого есть все предпосылки.

202. Поцеловал его рабби Шимон. Приблизился рабби Пинхас, поцеловал и благословил. Сказал: «Видно, Творец послал меня сюда. Это тот тонкий свет, о котором сказано было, что находится в доме моем, а затем осветит весь мир». Сказал рабби Эльазар: «Конечно же, страх не должен забываться во всех заповедях, а тем более в этой заповеди, заповеди любви, должен быть страх постоянно соединен с самой заповедью. Как он соединяется? Любовь хороша с одной стороны, когда получаешь от Любимого добро, здоровье, блага,

питание и жизнь — вот тут-то и необходимо возбудить страх, чтобы не согрешить, дабы не обернулось колесо, о чем сказано: "Счастлив постоянно боящийся, потому что страх находится внутри его любви"».

Поцеловал его (вошел с ним в контакт) **рабби Шимон. Приблизился рабби Пинхас, поцеловал** его **и благословил** (то есть возник контакт уже между тремя этими душами). **Сказал: «Видно, Творец послал меня сюда. Это тот тонкий свет, о котором сказано было, что находится в доме моем, а затем осветит весь мир». Сказал рабби Эльазар: «Конечно же, страх не должен забываться во всех заповедях, а тем более в этой заповеди, заповеди любви, должен быть страх постоянно соединен с самой заповедью.**

Первое условие не забывается. Первая ступень является основой для второй ступени, и все эти ступени, в итоге, соединяются, интегрируются в одну-единственную ступень — в одно-единственное, наивысшее, состояние. А пока они только следуют одна за другой.

Как он соединяется? Любовь хороша с одной стороны, когда получаешь от

Любимого добро, здоровье, блага, питание и жизнь – вот тут-то и необходимо возбудить страх, чтобы не согрешить, чтобы не обернулось колесо любви, о чем сказано: "Счастлив постоянно боящийся, потому что страх находится внутри его любви"».

Но как можно ощутить любовь, если где-то внутри еще гнездятся всяческие страхи и тревоги?

В нашем мире это естественно и ощущается, как противоположность одно другому оценивается, как плюс и минус: если уже чуть-чуть лучше, то нам уже кажется, что это хорошо.

А в духовном мире – нет. Совершенство не может строиться на том, что: «Есть плохое состояние, а это – чуть-чуть лучше, что где-то внутри есть какой-то страх, а сейчас вроде бы этот страх перекрывается любовью. Страх может снова возникнуть, но пока что я хочу о нем забыть, или каким-то образом ощутить эту любовь, какое-то наполнение… А дальше – будь, что будет». Такого быть не может, поскольку в духовном нет времени. А раз нет времени, то все эти отношения должны быть абсолютными составляющими в общей формуле.

Достаточно трудно объяснить (в силу того, что у нас, в нашем мире, нет адекватных ощущений), как это происходит. Но, в общем: все виды страхов остаются и – одновременно с этим – они остаются исправленными. То есть они не остаются в виде ощущений, которые могут снова возникнуть, снова вернуться, снова дать какие-то отрицательные результаты – они остаются только для того, чтобы поддерживать все возрастающее чувство любви.

Все, что мы ощутили на нашем духовном пути, никогда, никуда не исчезает – все это приумножается, суммируется, и только таким образом получается окончательный, положительный, совершенный результат. Поэтому все страхи, все тревоги, все сомнения – все они остаются, включаются в одно общее свойство, поднявшись над которым мы начинаем понимать, что оно уже не нужно.

Мы устанавливаем (на этом подъеме), что находимся в абсолютном слиянии друг с другом, целиком и полностью зависим друг от друга, но в этой зависимости нет совершенно никакого превалирования одного над другим.

Совершив эти исправления, мы, тем самым, создаем новый сосуд, в котором и ощущается совершенная любовь.

203. Так необходимо пробуждать страх со стороны строгого закона, потому что когда видит, что строгий суд находится над ним, необходимо возбудить страх перед своим Господином, дабы не ожесточилось сердце. О чем сказано: «Ожесточающий сердце падает в плохое», – падает в другую сторону, называемую плохой. Поэтому страх соединяется с обеими сторонами – с хорошей, любовью, а также со стороной строгого закона, и состоит из обеих. Если страх соединен с хорошей стороной, любовью, а также со строгостью закона, то такая любовь совершенна.

Так необходимо пробуждать страх со стороны строгого закона (левой линии)**, потому что когда видит, что строгий суд** (ограничение вследствие эгоизма, который еще присутствует в нем) **находится над ним, необходимо возбудить страх перед своим Господином** (Творец пока еще находится выше тебя, ты еще не достиг равновесия с Ним)**, дабы не ожесточилось**

сердце. О чем сказано: «Ожесточающий сердце падает в плохое», – падает в другую сторону, называемую плохой (то есть он начинает бояться и этим абсолютно портит любовь). **Поэтому страх соединяется с обеими сторонами – с хорошей, любовью, а также со стороной строгого закона, и состоит из обеих. Если страх соединен с хорошей стороной и любовью, а также со строгостью закона, то такая** уже **любовь** будет **совершенна.**

Любовь и страх содержатся и в правой линии – милосердие, и в левой – закон, суд, ограничение.

Как мы уже говорили, наше равновесие с Творцом, то есть уровень совершенной любви, – это синтез правой и левой линий в среднюю линию.

Мы должны представлять себя в этом свойстве, хотя, на самом деле, мы еще далеки от него. Это свойство последних ступеней исправления, самых высших, но человек ни в коем случае не должен мириться с тем, что находится в самом начале этого подъема. «Всё выше и выше, и выше…», – как пелось в некогда популярном марше.

Нам надо обязательно понимать, что наше следующее состояние – каждое следующее состояние – это мир Бесконечности, относительно нашего сегодняшнего. Когда из этого состояния – желания получить всё в себя, я перехожу во внешнее – в желание отдачи, то этим переходом на духовную позицию с предыдущей земной, эгоистической, я совершаю внутреннюю революцию.

Я иду на абсолютно полный контакт со всеми душами, и внутри них – с Творцом. Ни на что меньшее я не согласен.

В нашем материальном мире любовь – это некое эгоистическое возбуждение человека, одно из многих всевозможных явлений, которые происходят в нас. Когда я ощущаю наслаждение от какого-то объекта и у меня возникает к этому объекту, к ощущаемому от него, чувство благодарности, желание быть в связи с ним, то всё это мы называем любовью. Не более того.

Человека можно запрограммировать как угодно – кто что любит, и все зависит от того, с какими данными ты родился, в каком воспитывался окружении, которое навязывало тебе какие-то свои привычки, установки. И, в итоге, одни предпочитают по утрам овсянку, а завтрак других – наваристый мясной суп. У каждого свое.

Это называется «любит»? Это просто привычка или жизненная необходимость, которая нам дана.

То же самое относительно любви к детям, то же самое относительно взаимной любви. Исключи у человека гормональные потребности, – какая будет любовь? Никакой. Исключи у человека ощущение, что это мой ребенок, то есть животный инстинкт к рожденному тобой, или к тому, кого ты принял на воспитание и вложил в это себя, – тоже никакой любви не будет.

То есть любовь полностью зависит от тех качеств – как правило, животных качеств – которые существуют в нас. Ну, в нашем мире мы так считаем, мы привыкли. Нам же все-таки надо чем-то восторгаться в себе, вот мы и придумали…

В духовном мире любовь начинается с того, что человек выходит из нашего мира (эго) и поднимается на уровень Бины. Свойство Бины – это полная отдача.

Мой эгоизм растет, а я все время поднимаюсь над ним и в итоге оказываюсь на вершине этой огромной горы. Весь мой эгоизм подо мной, то есть я могу на него не реагировать, не принимать его во внимание. Я поднялся на такой уровень, что весь мой страх и трепет — от чего бы то ни было — лично за себя пропадает. Теперь я полностью исправлен.

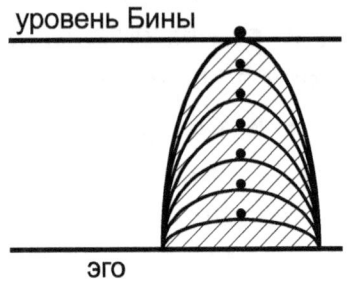

А затем начинается мое следующее внутреннее преобразование, когда я весь этот эгоизм начинаю перерабатывать на отдачу. Я как бы переворачиваю эту гору эгоизма: один сосуд, больший сосуд, еще больший сосуд... И так до тех пор, пока весь свой эгоизм (вот этот мой бывший эгоизм, а вот это — экран), я не использую на отдачу. То есть я создаю сосуд, в котором ощущается совершенная любовь.

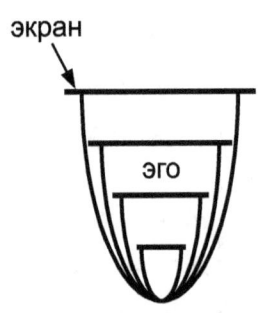

И вот тогда, когда я работаю только на отдачу, то есть абсолютно все наслаждения, которые я получаю, – все они идут в одну сторону, к Дающему (чтобы я не упал в отдачу ради получения), когда меня как будто нет, а только отдача ради отдачи, – вот такое состояние называется абсолютной любовью. В таком состоянии я полностью подобен Творцу.

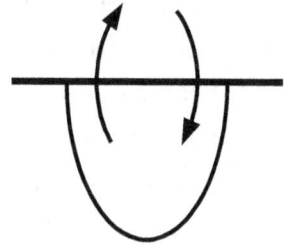

Я хочу добавить только одно.

Все, что мы сегодня испытываем в жизни, это только для того, чтобы начать наше движение наверх, только для этого. Мы созрели для того, чтобы подниматься над собой. Все, что происходит в мире, – это только для того, чтобы показать нам, в принципе, ничтожность существования внутри эгоизма и необходимость подниматься над ним. Иначе этим проблемам не будет конца.

ПОСЛЕСЛОВИЕ

«Рыба ищет, где глубже, а человек – где лучше», – гласит народная мудрость, и на поиски этого «лучше» направлены все наши силы, все наши помыслы. Творец постоянно, снова и снова, дает нам новые желания, открывает в нас внутренние пустоты. Мы инстинктивно пытаемся, насколько возможно, наполнить эти желания, мы вынуждены бежать от этой пустоты... Таким образом Творец ведет нас к цели – стать таким, как Он. И хотя человек – желание получать – это полная противоположность Творцу, свойству абсолютной любви и отдачи, он постепенно сможет раскрыть эту свою противоположность и исправить себя.

Вся наша работа призвана раскрыть Творца. Его нам недостает. Кроме Него, в реальности ничего нет.

Творец – это всеобъемлющая сила, в которой мы находимся, хотя и не ощущаем ее. Наше эгоистическое желание не различает

Творца, не настроено на ту же волну, не обладает тем же свойством. Поэтому мы работаем именно над своим желанием, которое нужно изменить, переориентировать так, чтобы раскрыть Творца.

Сейчас мы видим, слышим, осязаем и обоняем внутри собственного желания. Изменив его, мы расширим диапазон ощущений. Но это не значит, что мы усилим чувствительность наших органов чувств с помощью дополнительных приборов: локаторов, радиоприемников, телескопов и микроскопов. Нет, мы не повышаем восприимчивость эгоистического желания, а меняем саму его суть, переключаем его с внутреннего восприятия на внешнее, придаем ему способность улавливать то, что находится вовне, а не то, что входит внутрь.

Для этого нам дана наука каббала, для этого нам дана книга «Зоар».

Книга «Зоар» требует от нас особой подготовки. Ведь это мощнейший источник света, сила, которая изменит нашу природу, если мы правильно подготовим себя к работе с ней. Прежде всего, в своем текущем состоянии мы должны максимально соответствовать Высшему свету, который несет нам «Зоар». Для этого мы стараемся как можно больше уподобиться авторам «Зоара» – рабби Шимону и девяти его ученикам.

Они сами рассказывают, что в начале духовной работы, раскрытия «Зоара», их внезапно охватывает взаимная ненависть, что несмотря на их порыв к единству, они не в состоянии ее преодолеть. Путь, таким образом, начинается с раскрытия зла, и человек должен ощущать это каждый раз. Иначе его первый шаг будет неверен.

Сказано: «Я создал злое начало и создал Тору как приправу, ибо кроющийся в ней свет возвращает к Источнику».

Речь идет о трех линиях:

– злое начало – это левая линия;

– Тора-приправа – это правая линия, свет, возвращающий к Источнику;

– и средняя линия – это уже наша исправленная душа, желание левой линии, исправленное намерением правой линии.

Злое начало, эгоизм, приходит не сам по себе, а под воздействием света. Тогда мы обращаемся к правой линии, к Торе, и свет, приходящий свыше, возвращает нас к Источнику, Творцу, к средней линии. С раскрытия зла начинается каждый этап на пути сближения с Творцом, от нуля и до конца исправления. Даже группа рабби Шимона, находившаяся на очень высоких ступенях, проходила те же самые фазы.

Не раскрыв своего ненавистника, мы не можем заниматься каббалой и привлекать свет. Всеми силами мы стараемся объединиться, и это вызывает потребность в свете, в Творце, который придет и исправит нас. Мы не оставим Его в покое, пока Он не появится и не установит связь между нами. И пускай я не знаю в точности, что́ это означает, пускай во мне нет ни малейшего импульса к объединению, все равно я требую этого.

Так мы и приступаем к чтению «Зоара», исходя из желания объединиться. Ведь сплочение позволяет нам привлечь Высший свет. В начале каждый сам по себе, а затем посредством окружающего света (ор Макиф) мы приходим к единству. В этом единстве мы и обретем Высший мир. Духовная ступень проявляется в нашей взаимосвязи. На этом пути ты обретаешь всевозможные детали восприятия. «Зоар» образно описывает их и рассказывает тебе о многочисленных действиях по установлению взаимосвязи.

Начав сближение с тем, что описывает текст, ты ощутишь духовный мир. Поток отдачи от тебя к другим и от других к тебе –

это и есть Высший свет, который ты хочешь раскрыть, это возобновляющаяся связь с другими, которую ты хочешь исправить.

Налаживая ее в эгоистическом желании, ты, возможно, и получишь ненадолго хорошую жизнь. Однако на примере революции в России мы видим, куда ведет такой путь.

Если же ты нацелен на отдачу, если хочешь, чтобы твоя связь исправлялась светом, книгой «Зоар», если пытаешься отыскать внутри то, о чем читаешь, познать это, объединиться с этим, раскрыть это, тогда текст несет тебе исправленные связи, и ты извлекаешь из книги максимум возможного.

Поддерживая постоянный настрой, ты реально ощутишь, как «Зоар» распахивает твое восприятие, наполняет новыми красками и воодушевлением. Ты воочию увидишь обновляющуюся связь, и в ней начнут проявляться состояния, которые описывает «Зоар».

Объяснения каббалистических терминов

Читая книгу «Зоар», мы должны все время – и это самое главное! – помнить о том, что все, о чем в ней написано, происходит в каждом из нас. И это мы должны раскрыть.

Названия парцуфим, сфирот, различных действий – все эти термины должны вызвать у меня только одно желание, одно стремление: «Когда же я почувствую, что все это происходит во мне?! Где эти свойства и действия во мне, в моих ощущениях?! Вот, например, парса. Это она не дает мне подняться из Брия в Ацилут!».

Все это должно раскрыться внутри человека. Нам только кажется, что духовный мир – где-то далеко, в каких-то пространствах, но ведь всю действительность мы ощущаем в себе, а духовную – как наш самый глубокий, внутренний, слой.

Поэтому я должен, словно хирург, стре-

миться раскрыть внутри себя, в самой глубине своих ощущений, высшую систему, о которой рассказывает «Зоар».

И еще. Невозможно постоянно «переводить» слова Торы или книги «Зоар» на понятный нам язык. Поэтому старайтесь запоминать те «переводы», которые уже были сделаны, и пытайтесь воспринимать чувственно, а не буквально – в физических действиях и материальных реалиях нашего мира – текст книги. То, о чем говорит «Зоар», – это внутренние духовные ощущения и переживания человека, чувственно познавшего духовный мир.

Ад – это состояние получения ради себя, когда человек полностью освобождается, опустошается от Высшего света, отдаляется от Него, падает в противоположное состояние.

Аба ве-Има, АВИ, – это высший парцуф, высшая система, которая находится, естественно, в моей душе и управляет всем ее исправлением.

Ангел – это не имеющая своего желания, не имеющая своих решений сила, которая выполняет определенные действия в духовном мире. Это такая же сила, как и силы природы в нашем мире.

«Вера выше знания» означает, что когда мы поднимаемся по ступеням духовных миров, мы каждый раз, с помощью свойства отдачи, поднимаемся на следующую ступень знания. Таким образом, свойство отдачи и есть то, что называется верой.

Вода, в науке каббала, – это милосердие (ивр. – хесед), свойство отдачи.

Гора Синай

Единственное, что нам надо сделать, чтобы войти в духовный мир, – это соединиться. Но сначала надо раскрыть свою ненависть, и это не материальное чувство, когда мы просто не любим друг друга, когда я оправдываю себя, свое отношение к другому.

Здесь же раскрывается ненависть, которую я не хочу чувствовать, не могу терпеть, ведь я хочу любить другого вместе со всеми его недостатками, со всей его ненавистью ко мне. И тогда именно я раскрываю, что ничего не выходит, – я внутри ненависти к другим, ненавидя его, ненавижу себя! Эта ненависть называется **горой Синай** (от ивр. слова *сина* – ненависть), и это наша внутренняя основа.

Нужен очень большой свет, чтобы ее раскрыть. Все делает свет. Человек может быть самым большим праведником, высоко поднявшимся по ступеням миров, но если свет перестанет на него действовать, он тут же упадет в свой первородный эгоизм. Нет иных альтернатив – либо нами правит наша эгоистическая природа, либо свет.

Даат (знание)

В книге «Зоар» сказано: **«Мудрость, которая необходима человеку (каждому без исключения), – знать и видеть тайны Создателя, познать самого себя: кто он и как родился, откуда пришел, куда уйдет, как ему исправить себя, что ожидает его в явлении пред судом Властителя мира»**.

Нам необходимо достичь знания. Знание образуется от облачения света Хохма в свет Хасадим, то есть в мои исправленные желания. Это и есть подлинное соединение меня и Творца.

Когда духовный парцуф получает внутрь себя свет, этот свет называется светом знания. Это мудрость и милосердие, свет Хохма и свет Бина, свет получения и свет отдачи, соединившиеся вместе. Если я хочу включиться в Малхут, общность всех душ (единственно созданное творение), то это мое желание включает меня в Малхут, а она поднимает его на уровень **даат (знание)**. Тогда Хохма и Бина дают мне это знание.

День и ночь – это состояния человека. Если, стремясь к отдаче, он преодолевает свое желание насладиться, – видит свет. А в той мере, в какой эгоизм побеждает его, он ощущает тьму.

Домэ – от слова «дмама» (безжизненность). Это ангел, вызывающий в человеке сомнения в величии Творца, то есть вызывающий в человеке представление о замыслах Творца, как о замыслах, «рожденных» в нашем мире.

В начале человек понимает, что не в состоянии постичь ни мыслей Творца, ни путей и методов Его управления, потому что наш разум – разум творения – естественно ниже разума Творца. Но Домэ (если дать ему хоть малейшую возможность) убеждает человека, что он подобен разумом Творцу, отчего человек готов ко всем и всяческим сомнениям, увлекающим его в ад.

Духовный трепет

Есть возвышенная цель, не воспринимаемая в наших эгоистических ощущениях, в стремлении «всё в себя». Выход «из себя» и забота о «вне меня» называется **«духовный трепет»** (ират Ашем).

Сейчас я в тревоге, как наполнить и уберечь себя. Это называется «трепет о себе». Подсознательно мы постоянно озабочены привлечением полезного и отдалением вредного для себя, для своего эгоизма.

Духовный трепет означает, что, прежде всего, я тревожусь о том, что находится вне меня, забочусь о других, как мать о маленьком ребенке, когда все ее мысли в нем и о нем.

В этом трепете, в заботе о ближнем – вне себя, вне своего эгоизма, – я ощущаю высшую реальность.

Душа – это термин науки каббала, обозначающий особый орган чувств, возникающий в человеке на определенном этапе развития. В этом органе он ощущает высшую управляющую силу – Творца. Вместе души представляют собой **Малхут** – низшую из всех десяти сфирот.

Земля, в науке каббала, – это желание получать.

Зивуг (соединение) между Зеир Анпин и Малхут происходит в два этапа: зивуг де-нешиким и зивуг де-есодот.

Зивуг де-нешиким – это соединение Малхут с тремя первыми сфиротами: Хесед, Гвура, Тиферет. При этом Малхут получает только свет Хасадим. Такое состояние Малхут называется **катнут (малое состояние)**.

Зивуг де-есодот – это соединение Малхут с тремя первыми и тремя последующими сфирот, то есть: Хесед, Гвура, Тиферет, Нецах, Ход, Есод. При этом Малхут получает и свет Хасадим, и – что самое главное – весь свет Хохма. Такое состояние Малхут называется **гадлут (большое состояние)**.

«Йосэф» – от слова «леэсоф» (собирать), потому что он собирает в себя всю энергию, все свойства Высшего мира, в том числе и свойства ступеней «праотцы» и «пророки».

И далее это свойство, «Йосэф», входит в землю и создает из нее «землю святости».

Что это значит? «Земля» – это желание, «святость» – это свойство отдачи, то есть – желание получать с намерением отдавать.

Клипа – это желания, которые я не могу использовать, исправить, для отдачи до конца исправления.

Клипа проявляется при выяснении причины болезни и отделения ее от больного тела (разбитой души).

Болит все тело: и голова, и ноги, и руки, и сердце… Везде какая-то боль. Но почему? И я раскрываю, что есть какая-то маленькая больная область, которая отравляет все тело, потому что весь организм – это одно целое, и та часть, где находится источник болезни, называется клипой.

Все остальное тело можно вылечить, исправить, кроме этой части, и поэтому я удаляю ее. Болезнь поразила каждый орган, каждую клетку, и мне нужно отделить источник болезни, а оставшиеся очистить и исправить. И тогда я восстанавливаю все, что только возможно, кроме этого порочного места, которое я вырываю, отсекаю от себя.

В этом заключается наша работа с клипот.

То есть клипа – это желания, которые мне надо выявить, отделить от здорового тела и больше не использовать. Тогда я могу исправить тело. А когда я полностью выполню эту работу, то есть разделю все свои желания на две части – отдельно здоровая, отдельно больная – наступает Конец исправления (Гмар тикун), и я вижу, что клипу тоже можно исправить.

Сделать все это я могу, выяснив, какие из моих желаний подобны свойствам света, а какие нет. И поэтому: «Да будет свет!»

Лишма и ло лишма

Человек хочет ощутить духовный мир, получить духовную жизнь, ощущение истинной реальности, увидеть, что его жизнь не пропадает зря. Ведь она уходит, и кто знает, сколько ему осталось. Он не хочет закончить ее бессмысленно.

Человек изначально не может думать ни о чем, кроме своей выгоды. Поэтому, если он не будет эгоистически желать духовного, представляя его благо, то никогда к нему не обратится, и поэтому духовный путь начинается эгоистическим постижением – **ло лишма**, а затем, под влиянием Высшего света, ор Макиф, эгоистическое отношение к духовному сменяется альтруистическим – **лишма**.

Мы думаем, что **лишма** – это очень высокое состояние, а **ло лишма** – так, что-то несерьезное. Но это неправильно – **ло лишма** тоже очень большое состояние, и дай Бог каждому его достичь.

Матат – это особый ангел, своего рода подъемник, который поднимает и опускает все души, который поставляет нам силы, знания, возможности, условия для подъема.

Машиах – это раскрытие Творца, это высшая духовная сила, Высший свет, который вытаскивает человека из этого мира в духовный мир, объясняет и показывает то, что происходит в той части реальности, которая сейчас от него скрыта. Это действие Высшего света происходит с раскрытием знания о природе творения, его замысле, процессе и цели.

Миры

В процессе своего внутреннего развития, суть которого состоит в познании Творца, или природы (на иврите слова «Творец» и «природа» имеют одно и то же числовое значение), человек поднимается по пяти основным ступеням, которые называются **мирами (ивр. – оламот).** Слово «олам» происходит от слова «ээлем» (исчезновение, скрытие) – за всеми картинами этого мира скрывается единая сила. В нашем материальном мире человек ощущает не эту единую силу, а воздействие множества законов и сил. Но когда он начинает познавать действующие за материей силы, то есть поднимается по этим пяти ступеням, то расширяет свое постижение – исчезает скрытие, и вместо него приходит раскрытие.

Поднимаясь по этим ступеням, человек достигает осознания Творца в полной мере, иными словами, поднимается в мир Бесконечности.

Как устроена эта система?

Выше мира Ацилут находится мир Адам Кадмон, а над ним – мир Бесконечности.

Всё, что выше мира Ацилут, называется «Творец», всё, что ниже мира Ацилут, называется «творение». Сам мир Ацилут – это система, воздействующая со стороны Творца на творения.

Представьте на мгновение, что каждая деталь этого мира, вся бесконечная масса неживой материи, существующей во вселенной, все звезды, все галактики, и вся существующая растительность, животные и человек – всё это управляется силами, приходящими из **мира Ацилут**. И мы должны увидеть, как **мир Ацилут** управляет всем существующим – таким образом, чтобы все они достигли духовного состояния, вернувшись обратно к своему корню, из которого когда-то вышли – к миру Бесконечности.

Ведь всё приходит из мира Бесконечности и всё в итоге должно в него возвратиться. Не только наши души, но и всё, что мы чувствуем и постигаем, всё, что мы сейчас видим – всё это, весь этот мир должен подняться до уровня мира Бесконечности. Таким образом, нисхождение сверху вниз, и наша история здесь, в этом мире, и возвращение обратно наверх – всё это происходит за счет работы, производимой в мире Ацилут.

Никвей эйнаим – граница между ГЭ де-Бина (альтруистическими желаниями – желаниями, отдающими «ради отдачи») и АХАП де-Бина (эгоистическими желаниями – желаниями, отдающими «ради получения»).

В нижнем объекте экран (масах) «находится» в его глазах (в никвей эйнаим). Это называется «духовная слепота глаз» (стимат эйнаим), потому что в таком состоянии нижний видит всего лишь половину Гальгальта Эйнаим высшего. Получается, что экран нижнего скрывает от него высший объект.

Если высший объект передает свой экран нижнему, то этим открывает себя нижнему, который начинает видеть высшего, как тот видит себя – в «большом состоянии» (гадлут), и осознает, что прежнее сокрытие себя, «малое состояние» (катнут), высший делал специально, для пользы низшего.

Таким образом, низший получает ощущение важности высшего.

Нуква – это желание наполниться, которое способно уподобиться Творцу, желанию отдачи, видя его перед собой. Все наши желания поднимаются в Нукву, в Малхут мира Ацилут.

Если эти желания направлены на отдачу и готовы соединиться с остальными душами, то они входят в Малхут мира Ацилут, соединяясь друг с другом. Так они становятся подобны Зеир Анпину мира Ацилут, и возникает связь, слияние между Зеир Анпином и Малхут.

Нуква делается подобной Зеир Анпину, то есть творение приводит себя в соответствие Творцу, правильно подготавливает себя и отпечатывает Его в себе, становясь Его «зеркалом», и потому называется «фотографией Творца».

Ор Макиф – это сила, действующая на вас с более исправленного, то есть с более альтруистического состояния, в мере вашего стремления к этому состоянию.

Такое же взаимодействие сил существует и в нашем мире. Отличие в том, что в духовном мире эта сила не просто притягивает вас, но и изменяет вас в подобие новому состоянию.

Чтобы отсеять сомнения, проверьте это на себе!

Парса – это граница, которая разделяет место Творца – место, где распространяется Высший свет, и место творений – неисправленное место.

Парцуф (мн. ч. парцуфим) – духовный объект, имеющий экран, благодаря которому способен получать наслаждение (Высший свет).

Рош (голова) парцуфа – там я решаю, какая часть желания может принадлежать свету. Та часть желания, которую я делаю подобной свету, называется **тох** (внутренность) парцуфа; та часть, которую я не могу уподобить свету, называется **соф** (конец) парцуфа.

Во всех этих частях работает экран – система, связующая меня с Творцом.

Свет Хасадим – свет любви и отдачи, одно из проявлений Высшего света творению.

Свет Хохма – свет мудрости, свет постижения, одно из проявлений Высшего света творению.

Святостью называется свойство отдачи, свойство Бины.

Собрание Израиля – это души, устремленные к Творцу и собравшиеся вместе для достижения этой цели.

Сон

Понятно, что речь идет не об обычном сне, а о таком духовном состоянии, когда из всех раскрывшихся передо мной огромных желаний – в силу отсутствия на них экрана – я использую только самую малую часть, и только в этой части я могу различать реальность и мои отношения с Творцом. Такое состояние называется «одна шестидесятая часть смерти». Я ничего не могу чувствовать и понимать, весь свет исчез, и в келим осталось лишь слабое, оживляющее их свечение (киста де-хаюта).

«Отходить ко сну» – это значит начинать новый период, новую ступень, когда старое состояние заканчивается и начинается работа с новыми, неисправленными еще желаниями. Все части духовного парцуфа (души) – его голова (рош), туловище (тох) и конечности (соф) – находятся на одном уровне.

Поэтому нет «облачения» внутреннего света сверху вниз. Такое состояние, как мы знаем, называется «ночь».

Из такого состояния мы должны пробудиться, встать в полный рост (состояние ГАР), а затем, с новыми желаниями, снова лечь.

Сначала я передаю себя в руки Высшей силы, чтобы она обо мне позаботилась, словно о зародыше в материнской утробе. Потом я уже начинаю активно отменять себя, собственными силами подавляя свое желание насладиться. И чем больше я отменяю себя, тем больше за счет этого расту. А потом мой парцуф снова опустошается от света, и я погружаюсь в сон, пока не придет новый день и новая ступень...

Таким образом, чередуются состояния, кругооборот за кругооборотом.

Страх

Связать воедино с Творцом все, что происходит с тобой, со всем миром, – так, чтобы не было различия, – в этом единении должны пройти все сомнения и страхи. Если нет – еще лучше! – проси об этом Творца.

В книге «Зоар» сказано, что первое исправление, «пкуда кадма» (на арамейском), – это достижение истинного страха. Страх преследует всех и всегда: это страх сохранить свою структуру у неживой природы, страх наполниться нужным и отторгнуть вредное у растительной и животной природы, включая человека. Отличие только в масштабах применения этого свойства, в мере осознания его глубины в себе, то есть в мере своего эгоистического развития.

У обычного земного человека два вида страха: об этом мире – своем устройстве, здоровье, потомстве и прочем; и о будущем мире – заготовить себе рай, а не ад. Но все эти виды страха в развивающемся эгоизме приводят человека к истинному, третьему виду страха: «Смогу ли я уподобиться Творцу в свойстве отдачи и любви к другим и к Нему».

Если человек проникается необходимостью достичь этого свойства, то этот страх его подгоняет и приводит к махсому, к возвращению к Творцу.

Табур (пуп) – граница, на которой в парцуфе происходит прекращение получения света.

Точка в сердце

Внутри наших эгоистических желаний находится **«Божественная частица свыше», которая называется «точка в сердце».**

У нас есть 613 желаний. Совокупность этих желаний называется «сердце». Это понятие не имеет никакого отношения к работающему в нас насосу, который можно заменить на другой, естественный или механический, выполняющий те же функции.

Точно так же, как мозг человека является не более чем компьютером.

Для чего нужна эта точка или, иными словами, каким образом Творец воздействует на нас?

В наши эгоистические желания с намерением «ради получения» Творец вкладывает неприятное ощущение опустошенности, а в эту точку Он помещает небольшое свечение – стремление к духовному. Это стремление приводит нас к изучению науки каббала и, как следствие, к исправлению всех наших желаний. И тогда во всех 613 исправленных желаниях мы соединяемся с Высшей силой, ощущаем вечную жизнь и наполнение светом Бесконечности. А исправление заключается в том, что мы переводим эгоистическое использование желаний – «всё себе» – на любовь и отдачу ближнему.

Творец создает в нас только минимальное желание к духовному, и больше его не увеличивает. Поэтому наш духовный путь, наша судьба, находится полностью в наших руках. Человек не должен ни на кого обижаться, ему не на что надеяться, если он не разовьет это первоначальное желание. Никаких дополнительных изменений свыше уже не произойдет.

Уста – это место, где в парцуфе, в душе, находится экран.

Цимцум Алеф

Я – это черная точка в океане Высшего света. Все мое существование связано с этим светом, и относительно него я оцениваю себя. Я открываю, что Высший свет, Творец, – дающий и добрый по отношению ко мне, а я, наоборот, – получающий и желающий Его проглотить и использовать. Сравнивая себя с Ним, я раскрываю пропасть, которая нас разделяет, и тогда во мне открывается стыд!

Это и есть подлинное творение. Оно чувствует себя самостоятельным и отделенным от Дающего, понимает свою противоположность Ему, доходит до ощущения, что не способно оставаться в таком состоянии, не может себя оправдать и потому делает **сокращение (цимцум)** – изгоняет из себя свет.

Все это происходит в Малхут мира Бесконечности, которая страдает от того, что не может быть такой, как Творец, и не умеет любить, как Он. Поэтому все развитие после **Первого сокращения (Цимцум Алеф – ЦА)** в итоге приводит нас к любви – к тому же отношению, с каким Творец обращается к нам.

Все исходит из Цимцум Алеф. Решение сделать сокращение – это единственное решение, которое движет всем мирозданием и приводит его к конечному исправлению. Поэтому, ощущение стыда было тем самым взрывом, из которого возникло мироздание и прошло весь путь, вниз до этого мира и обратно наверх.

Наши эгоистические желания никогда не наполнятся, поэтому Первое сокращение никогда не отменится. Наполняются другие желания – келим отдачи, которые ты строишь выше своего желания насладиться.

Человеком в нашем мире называется не это двуногое прямоходящее, которое вы видите перед собой, – **человеком** называется та часть в нас, то желание, которое мы можем уподобить Творцу. А во всем остальном – то, что вы видите перед собой, в себе, – все это не выходит за рамки животного мира.

Поэтому нечего думать о том, что мы с вами находимся в каком-то отношении к духовному миру, кроме той единственной возможности – точки в нас, которая может нас поднять вверх, если мы начнем ее правильно развивать. И мы должны, поэтому, принимать все, что сказано, только в абсолютной связи с этой точкой, которую мы должны развить через ступень «дети», а потом «отцы», и потом – до полного подобия Творцу.

Шаббат, на самом деле, олицетворяет собой венец всего того, что создал Творец и предоставил нам, и то, что мы должны сделать, чтобы привести себя к состоянию, равному Творцу. И когда мы входим в состояние, равное Ему, то есть в полное подобие свету, тогда, естественно, вся работа по нашему исправлению прекращается – мы полностью подобны Творцу и входим в состояние мира Бесконечности, абсолютного совершенства. Вот это состояние называется «шаббат».

Экран – это не какая-то перегородка между мной и Творцом – это целая система, с помощью которой я рассчитываю, в какой мере я могу уподобить мое желание свету. Экран не находится поверх желания насладиться, а включен во всё это желание.

МЕЖДУНАРОДНАЯ АКАДЕМИЯ КАББАЛЫ

WWW.KABACADEMY.COM

Международная академия каббалы (МАК) основана в 2001 году профессором Михаэлем Лайтманом. Основная цель организации – изучение и раскрытие законов мироздания.

Без знания этих законов невозможно полноценное решение как глобальных проблем общества, так и личных проблем каждого человека. Филиалы академии открыты в 52 странах мира. На сайт академии ежемесячно заходит более 4.5 миллиона человек. Информация обновляется ежедневно и выставляется на 35 языках.

Принципы методики – обучение в общении и открытая информация. Разделы сайта: «Интерактивные уроки», «Форум», «События». Все материалы находятся в открытом доступе. По окончании обучения студенты получают диплом и возможность участия в конгрессах, проводимых академией в разных странах мира.

БЛОГ МИХАЭЛЯ ЛАЙТМАНА
WWW.LAITMAN.RU

От автора:

«В последнее время я обнаружил, что люди все больше осознают движение цивилизации к саморазрушению. Но одновременно обнаруживается невозможность предотвратить этот процесс. Общий кризис во всех областях деятельности человека не оставляет надежды на доброе будущее. Каббала говорит, что это состояние человечества – самое прекрасное, потому что из него рождается новая цивилизация, которая будет основана уже на совершенно ином мышлении и восприятии реальности».

ИНТЕРНЕТ-МАГАЗИН

Содержание книг, дисков аудио и видео, затрагивает абсолютно все аспекты человеческой жизни: семья и воспитание, финансовый кризис и экология, жизнь и смерть, любовь и счастье.

Заказ можно оформить на сайте или по телефону:

Россия, СНГ, Азия
WWW.KBOOKS.RU
8800 1002145 (звонки по России бесплатно)
+7 (495) 649–6210

Израиль, Европа
WWW.KBOOKS.CO.IL/RU
+972 (3) 921–7172;
+972 (545) 606–810

Америка, Канада
WWW.KABBALAHBOOKS.INFO
+1 (646) 435–0121
+1–866 LAITMAN

Заказ книг и учебных материалов
на английском языке:
+1–866 LAITMAN

АННОТАЦИИ К КНИГАМ

Знакомство с каббалой

ТОЧКА В СЕРДЦЕ

Чтобы не оставлять нас в этом крохотном мире больными, голодными, обездоленными и смертными, нам дана точка в сердце. Будь ты ребенок или взрослый, точка в сердце – это твой шанс ощутить себя в большом светлом мире, именно здесь и сейчас. Книга содержит избранные отрывки из материалов личного блога и ежедневных уроков каббалиста, профессора Михаэля Лайтмана.

КАББАЛИСТ

Этот кинороман о Бааль Суламе – одном из величайших каббалистов в истории человечества.

«Я нахожу крайне необходимым взорвать железную стену, которая отделяет нас от науки каббала», – написал он в одном из своих трудов. Он написал комментарии на важнейшие каббалистические труды: книгу «Зоар» и книги АРИ. Он делал все, чтобы донести каббалу до каждого человека, поэтому каббалистическая газета, которую он издал, так и называлась «Народ».

Тревога за судьбы человечества, переполнявшая сердце Бааль Сулама, предопределила весь его жизненный путь.

ПОСТИЖЕНИЕ ВЫСШИХ МИРОВ

«Среди книг и рукописей, которыми пользовался мой учитель, рав Барух Ашлаг, была объемистая тетрадь, которую он постоянно держал при себе. В этой тетради были собраны беседы его отца – великого каббалиста Йегуды Ашлага (Бааль Сулама). Он записывал эти беседы слово в слово – так, как они были услышаны им. В настоящей книге я попытался передать некоторые из записей этой тетради, как они прозвучали во мне», – так пишет в предисловии к книге ее автор, Михаэль Лайтман. Цель книги: дать читателю возможность познать цель творения и помочь сделать первые шаги на пути к ощущению духовных сил.

ПОЛЕЗНЫЕ СОВЕТЫ МУЖЧИНЕ И ЖЕНЩИНЕ

Читатель может подумать, что эта книга о женщине, мужчине и о том, как наладить их непростые взаимоотношения. Читателю может показаться, что она о создании успешной и счастливой семьи, об ответственных родителях, их непослушных детях и необычных приемах правильного воспитания. И это действительно так.

Но одновременно эта книга раскроет вам нечто совершенно иное: книга составлена из бесед Михаэля Лайтмана, каббалиста и ученого, со своими учениками.

НЕВЕРОЯТНЫЕ ОТКРОВЕНИЯ КАББАЛИСТА

Эта книга о развлечениях и страданиях. О наслаждении и страхе. О деньгах и власти. О свободе выбора человека. Об уверенности. О любви. О Творце. О счастье. О собственном «я» человека – и о многом другом, волнующем каждого. Она состоит из девятнадцати телевизионных бесед нашего современника, каббалиста и ученого Михаэля Лайтмана со своими учениками, состоявшихся в рамках передачи «Ступени возвышения».

ТАЙНЫЕ ПРИТЧИ БИБЛИИ

Библия закодирована. Прочитав эту книгу, вы узнаете секреты этого кода. И тогда вы сможете прорваться сквозь внешние события, из которых она на первый взгляд состоит, к тому, о чем в ней действительно говорится. Вы поймете, почему все мировые религии признают за Библией право первенства, ради чего ссылаются на нее политики, философы, писатели... Вам откроется истина.

Эта книга – путеводитель, руководство в продвижении для тех, кто задает вопросы о смысле жизни, инструкция о том, как открыть духовный мир. Как стать счастливым.

РАСКРЫТИЕ КАББАЛЫ

Неожиданно для многих, но не для тех, кто стоял у ее истоков, оказалось, что каббала актуальна как никогда в качестве духовного и практического руководства к жизни. Эта книга расскажет вам, чем на самом деле является эта древняя наука: откуда она взяла свое начало, как развивалась, какова ее роль в современном изменчивом мире.

Для изучающих каббалу

ЗОАР

Древнейший источник знания, основа каббалистической литературы – книга «Зоар», написанная метафорическим языком, – была покрыта тайной все 2000 лет своего существования. Истинный смысл текста и ключ к его пониманию веками передавался только от учителя к ученику. Разгадать секреты книги «Зоар» пытались мудрецы и мыслители всех времен и народов. Эти попытки не оставляют и современные ученые.

В предлагаемое издание включены фрагменты оригинальных текстов с переводом и пояснениями М. Лайтмана, основанными на исследованиях выдающихся каббалистов и на собственном опыте.

Автор раскрывает широкому кругу читателей тайный код, с помощью которого вы можете сами прикоснуться к информации, зашифрованной древними каббалистами.

КАББАЛА ДЛЯ НАЧИНАЮЩИХ. ТОМ 1, 2

Предлагаем вашему вниманию новое учебное пособие. Книга включает следующие разделы: «История развития каббалы», «Каббала и религия», «Сравнительный анализ каббалы и философии», «Каббала как интегральная наука» и «Каббалистическая антропология». Книга составлена на основе лекций каббалиста, профессора М. Лайтмана и снабжена чертежами, справочной информацией, ссылками на аудио- и видеоматериалы и печатные классические каббалистические источники.

НАУКА КАББАЛА

Эта книга – базовый курс для начинающих изучать науку каббала.

Главная часть книги – статья «Введение в науку каббала» – написана одним из величайших каббалистов в истории человечества, Бааль Суламом. Текст приводится на языке оригинала с переводом на русский язык и комментариями Михаэля Лайтмана – преемника и последователя школы Бааль Сулама. Рекомендована читателям, цель которых – обрести фундаментальные знания о духовных мирах, и о сути высшего управления. В приложении: контрольные вопросы и ответы, альбом графиков и чертежей духовных миров.

Классическая каббала

СБОРНИК ТРУДОВ БААЛЬ СУЛАМА

Йегуда Ашлаг (Бааль Сулам) является основоположником современной каббалы.

Книга содержит адаптированные для широкой аудитории статьи, впервые публикуемые на русском языке. В основном, это рукописи, которые – под руководством профессора Михаэля Лайтмана – были подготовлены к печати переводчиками и редакторами Международной академии каббалы.

Публикуемые материалы содержат глубокий анализ различных общественно-политических проблем и показывают пути их решения. Это особенно актуально сегодня, когда все человечество погружается в глобальный кризис, требующий немедленного радикального решения.

УСЛЫШАННОЕ (ШАМАТИ)

Статьи, записанные со слов каббалиста Йегуды Ашлага (Бааль Сулама) его сыном и учеником, каббалистом Барухом Ашлагом (РАБАШ). Издание составлено под руководством Михаэля Лайтмана, ученика и ближайшего помощника Баруха Ашлага.

Раскрыв эту книгу, читатель прикоснется к раскрытию смысла своего существования.

Он раскроет для себя мир, в котором вечно существует его «я». Это мир человеческой души.

Каждая статья повествует о внутренней работе человека, вставшего на путь самопознания. Если вы взяли в руки эту книгу – она для вас. Вы не обязаны сразу понимать прочитанное, это придет потом. Но всю глубину мудрости, скрытую в этой книге, вы ощутите, прочитав ее первые строки.

УЧЕНИЕ ДЕСЯТИ СФИРОТ

«Учение Десяти Сфирот» – фундаментальный труд, соединяющий в себе глубочайшие знания двух великих каббалистов – АРИ (XVI в.) и Бааль Сулама (XX в.). Это основной учебник науки каббала, раскрывающий полную картину мироздания.

Материал данной книги основан на курсе, проведенном руководителем МАК, каббалистом, профессором Михаэлем Лайтманом. Вы встретите здесь полный перевод оригинального текста первой части «Учения Десяти Сфирот», включая приводимые Бааль Суламом определения каббалистических терминов. Во второй части книги «Внутреннее созерцание» автор дает глубокий и всесторонний анализ изучаемого в каббале материала.

Для детей и их родителей

СКАЗКА О ДОБРОМ ВОЛШЕБНИКЕ

Сказка – это мудрость. Ведь все проходит, и только истинные сказки остаются. Чтобы рассказывать сказки, надо очень много знать, необходимо видеть то, что не видно другим…

ДЕТСКИЕ СТРАХИ

Книга «Детские страхи» – первая в серии «Каббала и психология». Она призвана помочь родителям лучше понять себя и своих детей. Это особый путеводитель, который позволяет родителям и детям вместе справляться с возникающими страхами. Книга поможет вам понять источник страха и его цель, а также предоставит дополнительную возможность укрепить связь с детьми, по-настоящему понять их и поддержать, как поддерживают товарища в пути.

ЧЕЛОВЕК – МАЛЕНЬКИЙ МИР

Эта книга сложена из коротких фрагментов – кусочков единой мозаики, спаянных в одно целое. Вместе они – емкий обзор каббалистической методики воспитания, универсальной по применению, обширной по содержанию, глубокой по сути, а главное, адаптированной именно для нового поколения.

Книга предназначена всем, кому близка тема воспитания: родителям, тревожащимся за будущее своих детей, педагогам, желающим расширить кругозор, и каждому, в ком еще мерцает искра, еще живет ребенок, затаившийся в сердце.

ЧУДЕСА БЫВАЮТ. ТОМ 1, 2

Сказка – верный путь к сердцу ребенка, даже если этот ребенок затаился во взрослом. Сказка – друг искренности и враг фальши. Добрая, мудрая сказка может сделать больше, чем целый ворох наставлений, – поскольку она не поучает, а напутствует, не понукает, а влечет нас к добру. В этой книге собраны сказки, которые помогут детям взяться за руки и уже никогда не терять друг друга. Пускай это покажется чудом, но ведь всем известно, что чудеса бывают.

ВОЛШЕБНЫЕ ОЧКИ

Эта книжка сказок открывает новую серию под общим названием «Сказки из будущего». Тема сборника – «Мироощущение». На первый взгляд может показаться, что это слишком возвышенное понятие для детей. Однако не будем забывать, что на дворе уже XXI-й век. Наши дети рождаются и растут в безбрежном информационном море, в котором даже взрослому трудно определить ориентиры. Поэтому так важен диалог родителей и детей о том, что движет человеком, к чему он стремится, как устроен окружающий мир и общество.

Мы надеемся, что сказки, идеалы которых: добро, любовь, дружба, взаимовыручка – помогут наладить этот не простой, но такой важный и необходимый диалог.

ПРОДАВЕЦ УКРОПА или ПРИКЛЮЧЕНИЯ ВУДИ ФИТЧА

В стране наблюдаются поразительные аномалии. В результате этого возникают проблемы государственного и даже общемирового уровня. Профессор Маркус Беньямини собирает двенадцать детей с необычными способностями в особую школу на Заячьем Острове. Именно им, детям нового поколения, предстоит разрешить все проблемы человечества, раскрыв Главный Закон Природы.

Почему именно дети? Какими способностями они обладают? Какими методами решают поставленные задачи? Почему автор произведения скрывает свое имя? Всё это и многое другое вы узнаете, прочитав эту книгу.

В сопроводительном письме анонимный автор произведения утверждает, что детективные расследования, описанные в книге – реальны. Изменены лишь имена и географические названия…

ЭКСТРЕННОЕ СООБЩЕНИЕ
Анонимный автор «Продавца укропа» раскрывает секреты на сайте
WWW.WOODYFITCH.COM

РАЗВИТИЕ ЧЕЛОВЕКА

Дети - это наше будущее. В мире нашего завтра хозяевами будут они, и мы уже ничего не сможем изменить, но сегодня их развитие во многом зависит от нас.

Книга «Развитие человека от 0 до 20» прослеживает становление человека начиная с периода внутриутробного развития и заканчивая возрастом 20 лет – моментом вхождения во взрослую жизнь. Книга демонстрирует необычный и очень интересный подход к вопросам воспитания, отношение к окружающему миру. Речь идет о Законах природы, которые мы обязаны соблюдать, желаем мы того или нет, - чтобы не навредить себе. Все зависит только от того, насколько мы хорошо знаем эти законы и их следствия.

Михаэль Лайтман

Открываем Зоар
НОЧЬ НЕВЕСТЫ

Редактор: А. Ицексон
Корректор: П. Календарев
Графика: З. Куцина
Компьютерная верстка: З. Куцина, Б. Ховов

ISBN 978-5-91072-032-3

Подписано в печать 15.05.2011. Усл. печ. л.37,5.
Тираж 2000 экз. Заказ № 3599.

Отпечатано с готовых файлов заказчика
в ОАО «Рыбинский Дом печати»
152901, г. Рыбинск, ул. Чкалова, 8.